「らく」に生きる技術

小林奨
Text by
Sho Kobayashi

疲れた心を解きほぐす34のテクニック

彩図社

【はじめに】
生き方は今からでも変えられる！

つらいことがあったときや、恋人に嫌われてしまったとき、悪意はないのにだれかを傷つけてしまったとき……。

そんなときに、

「自分はとるに足らない、どうしようもない人間なんじゃないか」

と落ち込んだことはないでしょうか。

そういう暗い気分になったとき、人間は心の負担を減らすために、様々な行動をとります。ストレスを解消するために好きな音楽を聴いたり、本やマンガを読んだり、部屋に閉じこもってゲームをしたり、ジムに出かけて汗を流したり、仲間と連れ立ってお酒を飲んだり……。

しかし、それでも気分が晴れず、モヤモヤした気持ちをずっと抱えてしまうことがあります。

「どうしてあんなことを言ってしまったんだろう」

「なんで自分はうまくできないんだろう」


気晴らしをしても、すぐにまた嫌な気分になって、暗い気持ちで毎日を過ごしてしまう。

自分を出すのが苦手で、嫌なことを嫌と言えず、不満を溜め込んでしまう。

なにをやってもうまくいかないように思えて、何事にも消極的になってしまう。

そのうち、だんだん生きていること自体がつまらなく感じる……。

生きることがつらい、らくに生きられないという人は、そのような思いを抱えていることが多いようです。


ですが、**生き方は今からでも変えられます**。少しの工夫と根気があれば、**明るい気分で「らく」に生きることもできる**のです。

■生きづらさの原因は「考え方のクセ」にある！

「生きづらい」と感じる人の多くは、その人の根底にある**「物事に対する考え方のクセ」**に問題を抱えていることがあります。「物事に対する考え方のクセ」とは、簡単に言うと「なにかが起こった時、それをどのように考えるのか」ということです。

考え方のクセは、生きていく上で非常に重要な働きをしています。

たとえるならば、その働きは自動車の電気系統のようなものだといえます。自動車の電気系統が故障していると、いくらバッテリーを充電しても、すぐに電気はなくなってしまいます。

これは人間の場合も同じです。

「考え方のクセ」に問題がない場合は、嫌なことがあっても気分転換をすれば、前向きな気持ちになることができます。気晴らしをしても、暗い気持ちをひきずったり、モヤモヤした気分が収まらないのは、「考え方のクセ」が邪魔をして元気を充電できないからなのです。


本書は、そんなあなたの「物事に対する考え方のクセ」に心理学的にアプローチし、34のステップで直してしまおうというものです。

心理学と聞くと、

「心理学？　ああ、フロイトでしょ。夢分析でもするの？」

「なんだか、むずかしそう。面倒くさいよ」

などと思うかもしれません。

しかし、本書にはややこしいことは一切書いておりません。


「初心者の方でも簡単にできる」

「自分ひとりでできる」

という技法を紹介しています。

本書で主に行うのは、「認知行動療法」と「自律訓練法」という技法です。

耳馴染みのない方も多いかもしれませんが、いずれも数多くの実験によって「多くの人に効果がある」と立証されている理論です。とくに「認知行動療法」は保険診療の対象になっており、すでに心療内科などの医療の現場でも広く実践されている、優れた技法です。

■本書の構成

本書は、５つの章で構成されています。

第１章では「あなたがなぜらくに生きることができないのか」の理由を解説しています。

幼少期の体験、学生時代の思い出、あるいは生まれ持った性格……それらから無意識のうちに受けていた影響を再確認し、生きづらさの原因にフォーカスします。

第２章では、「現在のあなた」の性格分析を行います。

「自分は本当はどんなことをしたいのだろう……」

「どんな気持ちでいたいのだろう……」

そういう気持ちは、日々の生活が忙しければ忙しいほどわからなくなっていきます。心理学だけでなく、キャリア・カウンセリングの場で用いられている技法を使い、自分自身が「本当はどのような人間なのか」について考えていきます。

第3章では、「認知行動療法」を用いて、「らく」に生きられるように自分を変えていきます。詳しい説明は後の章に譲りますが、簡単に言うと「物事に対する考え方を変えることによって、気分をらくにする」というものです。うつ病の患者さんの治療にも用いられている技法なので、特に効果があることでしょう。

第4章では「自律訓練法」について解説します。「自律訓練法」は「自己催眠」をかけることによって、体の緊張をほぐしたり、頭の回転数を適切に保ったりすることができる技法です。「催眠術なんて、怖いなあ……」と思う人もいると思いますが、適切に行えば大丈夫です。自律訓練法を行えば、体だけでなく、心の疲れもとることができるでしょう。

……しかし、ここに書かれた方法を試しても、生きづらさを解消できない方はいると思います。そこで第5章では、それまでに書かれた内容を試しても生きづらさが解消できない人のために、様々な理論を解説しております。

本書は**ワークブック形式**になっていますが、なかには、

「こんな面倒なことやっていられない！」

「仕事で疲れているのに、色々書いたりするのはできないよ……」

という方もいることでしょう。そこで、本書は単に**「パラパラと眺めている」だけでも気分がらくになれる**ように工夫しています。


きっと、この本を読み終わる頃には、**「自分自身とどう付き合っていくか」ということを理解でき、月曜日を迎えることがより楽しくなる**ことでしょう。

さあ、それではさっそく「『らく』に生きる技術」を解説していきましょう。

「らく」に生きる技術～目次～

【第1章】

「らく」に生きられない原因はどこにある？

人に嫌われるのが怖くて従ってしまい、ストレスを感じる人。
自分の気持ちを人にわかってもらえずに、悩んでいる人。
特に不満がないはずなのに、ふと「このままで良いのか？」と不安を感じる人。
「らく」に生きることができない人には様々な理由があります。
本章では「生きづらさ」が起きる背景について考えてみましょう。

Step 01

【第1章「らく」に生きられない原因はどこにある？】

高すぎる「理想自己」が自分を追い詰める

完ぺき主義の人や自分に厳しい人は「自分はこうなりたい」という「理想自己」を無意識に高く持っています。その「理想自己」が具体的にどのようなものなのか、気づくことが「らく」に生きる第一歩です。

人間はだれでも**「自己概念」**を持っています。

「自己概念」とは簡単に言うと、今までに経験してきた様々なことから形づくられる**「自分とは○○な存在である」**というイメージのことです。

この「自己概念」は**「自分がなりたい人物像」**である**「理想自己」**と**「現実の自分の姿」**である**「現実自己」**に分類されます。そして、**この両者の差が大きければ大きいほど不適応状態を強く持つ**ようになります。

……といってもイメージが湧きにくいと思いますので、ひとつ例を挙げてみましょう。

ここにAさんとBさんという2人の男性がいます。

年収や職業など、生活水準はほとんど同じですが、それぞれが持っている「考え方」はまったく違います。それぞれの考え方はこうです。

・Aさん

「僕はもっと人の気持ちを理解できるようになりたい。そして周りから頼られるようになりたいし、社会的にも有名になりたい。今よりももっと給料をもらっていい暮らしがしたいし、きれいな奥さんをもらって温かい家庭を築きたい」

・Bさん

「僕は別に無理に相手の気持ちを理解できなくてもいい。周りから頼られるようになっても疲れるだけだし、別に有名になりたいとも思わない。今のままの生活でも特に不満はないし、結婚も無理してまでしたいと思わない」

さて、この2人。どちらが日常のストレスが少ないと思いますか？

……答えは、おそらくBさんでしょう。

「理想自己」を持つことは、より良い未来を拓くためにはたしかに必要です。

しかし、高すぎる「理想自己」を持ち続けていると、「現実自己」が「理想自己」に近づかないジレンマから、次第に強い不適応感を持つことになります。

そして「理想と現実の不一致」があまりに大きい状態が続くと、最終的には次のような考えを抱えることになってしまいます。

- 「いまの仕事は自分の仮の姿だ。俺は本当はこんな仕事をする立場の人間じゃない」と感じて、やるべき仕事をなおざりにしてしまう
- 「このネットの世界での姿が私の『本当の姿』だ」と現実の生活を放り出し、ブログやネットゲームの中の擬似的な「理想像」にのめりこんでしまう
- 「どうして自分はこんなひどいヤツなんだろう……。もっと優しい人になりたいのに……」など自己嫌悪に陥ってしまい、抑うつ的になってしまう

そうして会社を辞めてしまったり、家庭に問題が生じたりといった事例はよく耳にします。「理想自己」に縛られ、自分のことをネガティブに評価したり、理想を追い求めすぎることによって「あるがままの自分」を認められなくなると、生きることがつらくなってしまうのです。

しかし、社会的にはAさんのように高い理想を持った「がんばり屋さん」の方が高い評価を受けます。親や上司も、子どもや部下に上昇志向を持ってほしいと思うのが人情です。

そのため、幼い頃から「良い子」として生きてきた人ほど、「いまのままじゃダメだ。もっとがんばらなくちゃ！」と「理想自己」を高く設定する傾向があります。

周囲の期待を過剰に感じるために、努力することにこだわり、**どんなに成功しても「まだ上がある！」と満足できなくなってしまう**のです。

「らく」に生きるために大切なことは、「理想自己」と「現実自己」を近づけ、**「いまの自分をあるがままに受け入れられるようにする」**ことです。

といっても、がむしゃらにがんばることで『現実自己』を『理想自己』に近づける」のではありません。

言い方は悪いですが、**どんなに努力しても、うまくいかないものはうまくいかない**ものです。Aさんがどれほど努力しても、社会的に成功したり、周囲から頼られる人物になれる保証はどこにもありません。

必要なのは「いまの自分を受け入れられるよう、『理想自己』を調節すること」です。

たとえば、さきほどのAさんの場合では、

「そこまで無理をして人に頼られるような存在にならなくてもいいのかもしれない。それよりも、いまいる家族や友人たちを大切にして、毎日を楽しく過ごせるようにしていければいいんじゃないかな」

と**「理想自己」を無理のないところに調節すれば、いまの自分の姿を受け入れられる**ようになり、**不適応を解消する**ことにつながっていきます。

■もっと「らく」に生きるには？

この「理想自己」ですが、ほとんどの人は普段、自分の心の奥底にしまい込んでいるものです。

そこで、まずはあなた自身が、

「本当はどんな人間になりたいと思っているのか」を考えて実際に書き出し、意識化してください。

紙などに書き出し、意識化したら
「この理想像はそこまで必要なのかな?」

「いまのままではダメなのかな?」

と考えてみてください。

そうすることで、「理想自己」が適度に調節され、無理にがんばる必要がなくなり、気持ちが「らく」になるでしょう。

まとめ

現実の自分と「理想自己」があまりに違うと、自分を受け入れられなくなる。

まずは自分の持っている「理想自己」を知り、それを調節することで気持ちをらくにしていける。

Step 02

【第1章「らく」に生きられない原因はどこにある？】

幼少期の「禁止令」が人生の舵取りを狂わせる

幼少期に身近な人（特に両親）から受けたしつけや普段の言動が原因で「人生脚本」が作られます。小さい時の自分がやりたかったことなどを思い返すと、自分を不幸にしている「人生脚本」が見つかることがあります。

幼い頃に親から言われたことは、大人になっても影響を与えるものです。これは、幼少期の体験が「人生脚本」を形成するうえで大きく作用するからです。

人生脚本とは、カナダの精神科医エリック・バーンの提唱した「交流分析」と呼ばれる心理学の理論における重要な要素の一つで、簡単に言えば**「人が幼少期に無意識に作る『人生計画』」**のことです。

たとえば、厳しい家庭に生まれ、何をやるにしても「〇〇しちゃいけません！」と怒られるような体験を受けていたとします。そうすると、「自分は、積極的に何かをやろうとしちゃだめなんだ。

だから、周りに同調して、自分を出さないで生きていこう」と幼少期に無意識のうちに決めてしまい、それが今後の人生にも表れてしまいます。

幼少期に受けた心の傷は「人生脚本」に影響を与えるため、一見すると「トラウマ」に思えないようなことでも、意外なほど大きな影響を与えていることもあります。

たとえば、次の例を見てください。


ある日、病院にひどく暗い表情の女性「Aさん」が現れました。

年齢は20代後半。いまは派遣会社で働いているようですが、どの会社に勤めても数ヶ月くらいでやめてしまい、長続きしないようです。

就職するために「資格を取ろう」と学校に通ったこともあるそうですが、「周りの人たちと自分の間に溝を感じる」ということで、結局辞めてしまいました。話を聞くと、いつも心のどこかに虚無感があり、自分の居場所がどこにもないと感じるようです。そこでカウンセリングを受けにきたのです。

セラピストは彼女の幼少期の体験を聞きました。

すると、彼女の家庭は非常に厳格だったことがわかりました。とくに母親は名家の出身で、子どもに自分の価値観を押し付けるところがあったようです。

母親はことあるごとにAさんに対して、

「あなたは本当に変わった子ね」

と言いました。さらにお母さんは周りにも、

「うちの娘は本当に扱いにくい子で……」

と漏らしていたそうです。

セラピストは、Aさんに幼少期に一番思い出に残っていることを聞いてみました。

彼女は小さいころに、空手の道場に通いたいと思ったそうです。しかし、母親に相談すると、

「すぐにそうやって普通の子と違ったことをしようとするんだから……」

と反対され、母親に言われるままにピアノとバレエを習うことになりました。彼女はそのことを今でもつらく感じていると言います。

学校では友達も多く楽しかったそうですが、家はそんなに楽しいところではなかったため、外泊を繰り返すことも多かったとのことでした。

さて、なぜこの女性はいつも虚無感を抱いており、仕事も長続きしないのでしょうか。

その答えは（もちろん他の要素もあるでしょうが）、幼少期に人生脚本に影響を与える要素である「禁止令」を与えられたことが原因です。

「禁止令」とは簡単に言うと**「幼少期に親から（半ば無意識に）受けた『○○してはいけない』という命令」**のことです。

この「禁止令」は大きく分けて13種類ほどありますが、本書では「生きづらさ」を抱えている人が持っていると考えられるものを５種類ほど例示します。

もしあなたが以下に挙げたような「自己イメージ」を持っていたとしたら、それが禁止令であるかもしれません。

①存在するな

「お前なんか生まれてこなければよかったのに」

「お前がいなければ再婚できたのに」

といったかたちで親から「存在の否定」をされてきた人が持つ禁止令です。

これを持つと**「自分なんかどうしようもないダメな人なんだ……」**など、自分自身に対して強い否定的な感情を持ってしまいます。

②所属するな

これは先ほどの女性の事例です。

親から「変わっているよ」と言われ続けた結果、

「自分は『変わり者』で『扱いにくい人』だから、どこに行っても受け入れられないんだ……」

と感じるようになり、常に孤独感を持つようになります。

③子どもであるな

世間体を気にする家庭などで
「子どもっぽくふるまってはいけません」

「お兄ちゃんなんだから泣くのはやめなさい」

など、大人らしくふるまうことを強制された人に多い禁止令です。

これを持っていると、

「もっとしっかりやらなきゃ！」

「オトナとして我慢しなきゃ！」

と、自由にのびのびと気持ちを表現できなくなります。

④感じるな

「泣くのはやめなさい」

「大声で笑うなんてみっともない」

など、感情の表現を強制されながら育った人に多い禁止令です。

これを強く持つことで

「つらくても笑っていないと……」

「怒っちゃダメ、許してあげなくちゃ……」

など、気持ちを表に出すことが難しくなります。

⑤健康であるな

親が病弱だった家庭、あるいは普段はそっけないけれども「病気の時だけは優しくしてくれた」という家庭の場合によくある禁止令です。

これを持っていると、**無意識のうちにがんばりすぎて体調を崩してしまったり、健康に対して頓着せずに疲労を溜めてしまう**ことがあります。

このような「禁止令」を幼少期に持ってしまうと、「自分はどのように生きるべきか」に関するかじ取り（専門用語で「幼児決断」と言います）を誤ってしまいます。

先ほどのAさんも、幼少期に母親から「所属するな」という禁止令を受けたため、

「自分はどこにも所属しないで生きていく」

「他人と関わりを持たず、だれからも愛されずに生きていく」

といった「人生脚本」ができてしまい、つらい日々を過ごしていたと思われます。

そうした生き方を変えるには、自分がこれまで無意識に作っていた**「人生脚本」に気づき、それを変えていくこと**が必要です。

Aさんも自分の人生脚本に気づくことができれば、

「私は『所属するな』という禁止令を持っていたのかもしれない。たしかに『自分が変わり者だとバレて周りに失望されたくない』と思って人付き合いを避けていたことが多いかも……。けれど、私は本当は誰かと一緒にいたい。みんなと仕事をしたい。だから、次の職場では自分を『周りと違う』と意識しすぎないで、もっと心を開いてみようかな」

と考え方が変わっていき、より生き生きと暮らせるようになっていくでしょう。

■もっと「らく」に生きるには?

「禁止令」を知るには、まず、あなたが**幼少期に親から言われ続けてきたこと**を思い出してください。そして、その時にイヤな気分がしたら、「本当は幼いころにどうしてもらいたかったのか」ということを想像してみてください。

「『男なんだから泣くんじゃない！』と怒られてばかりだったけど、本当は親に甘えたかった……」

「『何をやってもダメだ』って言われていたけど、自分にだってできることはあったんだ。そしてそれを認めてもらいたかったんだ……」

といった気持ちがそれにあたるでしょう。

このような心の叫びに気が付き「人生脚本」を見つめ直していくことで、「本当はどんな自分でありたかったのか」がより見つかるはずです。

まとめ

人間の生き方は無意識のうちに幼少期に決められていく。

当時の記憶を思い出していくと「自分が本当に送りたい人生」に気づき、らくな生き方につながる。

Step 03

【第1章「らく」に生きられない原因はどこにある？】

自分の気持ちは相手には伝わらない！

「どうして自分の気持ちをわかってもらえないんだろう」と悩んでいる方は多いのではないでしょうか。しかし、どんなに努力しても「自分の気持ちを理解してもらうこと」は不可能だと気づくことが重要です。

人はだれしも、自分の気持ちを相手にわかって欲しいと思ったり、相手の気持ちをわかりたいと思うものです。

ただ、それがなかなかうまくいかないので、悩んでいる人が多いのでしょう。

書店などに行くと「自分の考えを正確に伝える方法」を解説した書籍が山積みになっていますし、「気持ちが伝わる話し方」を教える話し方講座もよく開催されています。みなさんの中にも、そうした本を読んだり、講座に参加しているという方がいらっしゃるかもしれません。

しかし、残念ですが**どんなに努力しても「自分の気持ちを完全にわかってもらう」ことはできま**

せん。**「相手の気持ちを完全に理解する」ことも不可能**です。

こうしたことを書くと、「そんなことはない！」と思うかもしれません。

では、次のテストをやってみましょう。

いまから次の順番で絵を描いてください。

①紙の右上の隅から左下の方向に向けて、星がひとつ落ちてきました。

②その星の下に１軒の家が建っています。

③その家の前には大きな池があって、アヒルが３羽泳いでいます。

④その家の玄関には旗竿があり、日の丸の旗が立っています。

⑤その家の後ろには大きな木が１本立っていて、その木のてっぺんに三日月が見えています。

⑥渡り鳥が２、３羽飛んでいます。

【解答欄】下記の順番通りにイラストを描いてみましょう

これが筆者のイメージしたイラストです

描けましたか？　それでは上の絵と見比べてください。

どうでしょう？　ほとんどの方が「あれ、自分の描いたイラストとぜんぜん違う」と思ったのではないでしょうか。

このテストは、カウンセリングの授業で「考えを伝えることの難しさ」を学ぶ際によく行われているものです。テストでは「流れ星」や「家」など、イラストを構成する要素を詳しく説明しています。しかし、それでも**頭に思い浮かべる像は人によって違いがありました**。

絵のように〝形があるもの〟でも違いが生じるのです。心や気持ち、考えのように**形がないものを言葉で正確に伝えるのは至難の業である**ことがわかると思います。

人間は「気持ちを伝えれば、わかって当然だ」と思いがちです。

「今日、すごく落ち込んでいるんだ。上司が攻撃的なことばかり言ってきてさ。このあいだなんか、胸倉をつかまれたんだぜ。〝仕事なんかやめちまえ！〟なんてなじられてさ……」

とぐちれば、相手も「その上司はとんでもないヤツだな！」と同意してくれることを期待します。

しかし、実際にはそんな期待とは裏腹に、

「お前の上司なんて優しいほうだろ？　甘えてんじゃないよ」

と返されてしまうかもしれません。

相手の話を聞くプロであるカウンセラーも例外ではありません。クライエントの気持ちを十分にくみとることができず、「どうせ、私の気持ちなんてだれにもわからないのよ！」と怒りをぶつけられることだってよくあるのが現状です。

つらいときに誰かに相談することは重要です。

しかし、その時に注意しなければいけないことは、

「完全に気持ちを理解してもらえることは不可能である」

ということをあらかじめ認識しておくことです。

たとえば先ほどのテストでもっと説明を工夫して、

「紙の右上の隅から左下45度の方向に、大きさ3ミリの星型の流れ星が、3センチほどの軌跡を描いて落ちてきました」

と説明すれば、イラストの誤差は少なかったかもしれません。**しかし、誤差はどんなに少なくなっても決してゼロにはなりません。**「理解してもらえないのは仕方がないこと」なのです。これ

は話を聞くときも同じです。**「相手の気持ちを完全に理解する」ことはできないことを自覚すれば、人間関係でムダに悩む必要はなくなる**でしょう。

■もっと「らく」に生きるには?

「テスト」の順番通りに、まずは「流れ星」の絵を完成させてみてください。その後、できれば身のまわりの方にも挑戦してもらってください。おそらくほぼ100パーセント、「自分の描いてもらいたかったイラスト」と、「相手が描いたイラスト」に違いが出てくるはずです。

「自分の気持ちは伝わらない」ことを肌で実感できれば、相談して望み通りの反応がなくても、「わかってもらえていないな。でも、それは無理もないことだ。じゃあ、どんなところがわかってもらえてなかったのかな?」

と建設的に考えられ、つらい思いをすることも減っていくはずです。

まとめ

どんなに言葉を尽くしても自分の気持ちが100パーセント正しく伝わることはない。
相手が思い通りの解釈をしてくれなくとも「自分の伝える力が低いから」だと思わないことが重要。

Step 04

【第1章「らく」に生きられない原因はどこにある？】

その不安は「年代特有の壁」にあるのかも？

すべての年代において人間は「発達課題」を抱えており、それを達成できないでいると人生に悪い影響を及ぼすことがあります。各年代の課題にはどのようなものがあるのか、その内容を具体的にみてみましょう。


世の中には、ひどく他人に依存する人がいます。

たとえばちょっとでも帰りが遅かったら、

「浮気してたんでしょ！」

と勘繰りを入れてきたり、少しでも放っておくと、

「お願いだから、私のそばから離れないで！」

と束縛してきたりする女性などが代表的な例でしょう。

なぜ、他人を必要以上に束縛してしまうのか。その原因のひとつとして考えられるのが、「発達

課題の不達成」です。幼少期に乗り越えるべき**「発達課題」**を達成できなかったために、人を信じることができず、つらい気持ちを抱えてしまっている可能性があるのです。

「発達課題」とは、成長の段階において**「より良い人生を達成する上で、乗り越えるべき壁」**のことです。発達課題は人生の各段階に存在しており、達成できないと後の人生に大きな問題を生じさせるだけでなく、うまく乗り越えられず苦悩することもあります。

どのようなものがあるのか、各年代の「発達課題」を見てみましょう。

①乳児期

乳児期に達成すべき発達課題は、「基本的信頼感」の確立です。

「基本的信頼感」を達成するには「母親から、継続的に一貫した世話」を受けることが必要です。それが十分なされると、母親への信頼感がしっかりと結ばれ、「少しくらいお母さんがいなくても、へっちゃらだよ！」と思えるようになります。

このような信頼感を結べないと、本質的に他人を信じることが怖くなり、**「どうせ、あなたも裏切るんでしょう」**など、他人に不信感を持つようになってしまいます。

②離乳〜幼稚園時代

この時期に達成すべき発達課題は、「自律性」と「自主性」の獲得です。

「自律性」というのは、「物事の良し悪しを自分で判断すること」です。一般的には、離乳してから培われるとされていますが、その時、親が必要以上に厳しく接したり、逆に甘やかしてなんでもやってしまうと、「自律性」をうまく獲得することができなくなります。そうなると、

「自分にできることなんて、なんにもないんだ……」

「どうせ、ぜんぶお母さんに任せておけばいいんだよね……」

といった考えを持ってしまい、後々の人生で「無力感」として伸し掛かってくることがあります。

「自主性」は「自分から進んで物事を知ろうとする姿勢」です。

一般的には離乳し、自由に歩けるようになった頃から徐々に養われていくとされています。しかし、その時、子どもが興味を持ったことを親が厳しく禁じたり、逆に何かを無理に押しつけるといったことをやり続けると、「自主性」が十分に育たず、

「きっと、自分から何かするのはいけないことなんだ……」

と他人と積極的に関われなくなり、ストレスを抱えやすくなってしまいます。

③学生時代

この頃の発達課題は「勤勉性」や「同一性」です。

小学校に入学すると、授業のために予習復習などをする必要が出てきます。この時期にきちんと勉強をすることで周囲からほめられると、

「自分だってやればできる子なんだ！」

という気持ちになり、与えられた課題を着実にこなしていく「勤勉性」を獲得することができます。しかし、成績が伸び悩んだり、周りから常に完ぺきであることを押しつけられると、

「ぼくは周りに比べたらダメな子だよ、どうせ……」

などと劣等感を持ちやすい性格になってしまいます。

中学生くらいになると、だんだん「自分とはなにか」ということについて考えるようになります。今まではずっと親の言う通りに勉強していたとしても、

「自分はこのままでいいのかな……」

「自分はどんな風に生きたいのかな……」

と疑問を持ち始めるようになります（実際にこのあたりで『自分探しの旅』を経験した人も多いでしょう）。

さらに高校～大学になると、将来の職業を選ぶうえで、否応なく自分自身と向き合うことになります。

その中で、「自分は○○な人間なんだ」というアイデンティティ（「同一性」）を持つことができれば、その後の人生はより豊かなものになります。

しかし、ここで同一性を持つことができないと、自分のやりたいことや、やるべきことなどが分からなくなってしまいます。その結果、職業選択ができなくなったり、仮に仕事に就いたとしても、

「なんで私はこんなことばかりしているんだろう……」

と毎日不満を溜め込んでしまったり、

「今の仕事が自分の本当にしたいことなのかなぁ？」

などと、「天職探し」と称して転職を繰り返すようなことになってしまいます。

④就職後～30歳前後

この頃は、「親密性」が重要になってきます。

学校を出て就職し、気がつけば30歳前後。結婚して家庭を持ったり、職場で重要な仕事を任されるなどして、社会的な責任が大きくなる時期です。

この時期になると、人は「親が自分を産んだ年」に近づいていき、周りも少しずつ家庭を持ち始

めていきます。独身主義の人であっても、どこかの組織（企業や団体など）に所属して、上司や部下との社会的な関係を構築していくことでしょう。

子どもを作って温かい家庭を築いたり、生涯続けたいと思えるような仕事を見つけるのは、この時期が最大の勝負どころです。このような社会的環境から、人は職場・プライベートのいずれにおいても「周囲と親密な関係を構築したい」と思うようになります（実際、婚活が行われるのは、この年代がピークですよね）。

しかし、この時に職場で孤立したり（厳密には、『孤立している』と自分が思い込んでいるという意味です）、友人に差を付けられたように感じて疎遠になったり、異性に全然相手にされずに毎日過ごしているなどして、「親密性」を十分に作れなければ、

「自分は、いつも一人なんだな……」

といったかたちで、孤独感を抱えてしまうことになります。

⑤30代～定年まで

この頃には「生殖性」が発達課題になります。

もう、この年代であれば子どもがいたとしても、ある程度大きくなっていることでしょう。

職場でも課長や部長などの役職についている年代でもあり、後進を育てる側に回っている人も多

いと思います。

この年代に求められる役割は「次の世代を育てること」です（この年代から『一生に一度は自分の本を出版したい』という方が増えてくるのもこれが原因でしょう）。

しかし、子どもが自分の望むように成長してくれなかったり、仕事で十分な地位につけずに上から文句ばかり言われるような毎日が続いたり、あるいは特にしたいこともなく毎日漫然と過ごしていると、

「自分はちゃんと前に進めているのだろうか……」

「こんな生活を続けて、私の人生ってなんだろうか？」

といった焦燥感に駆られてしまい、不安に襲われることになるでしょう。

⑥定年後

幼少期を「甘える時期」、子どもの時期を「遊ぶ時期」、学生時代を「学ぶ時期」、社会人時代を「働く時期」、中年期を「育てる時期」とすれば、老年期は何の時期でしょうか？

……ネガティブな答えを出した人も多いかもしれませんが、正解は「実る時期」です。

この時期には今までの人生を振り返り、自分の人生について考えるようになっていきます。このとき、いままでの人生を受け入れることができれば、それから先の老後も満足して過ごすことがで

きます。

ところが、十分に自分の人生を受け入れることができないと、

「自分の人生、本当にどうしようもなかったな……」

と絶望してしまうようになります。

いかがでしょうか？　今の自分の生活に不満を持っている方ほど、

「子どもは気楽でいいよね」

「老人は年金生活ができてうらやましいな」

という気持ちでいるかもしれません。しかし、**実際にはどの年代であっても越えるべき「壁」にぶつかっており、戦わなければいけない**ものです。

悩みを抱えるのは、あなた自身の能力が低いからではありません。

「あなた自身の心が成熟してきたために、自分の問題も見えてきた」からなのです。

■もっと「らく」に生きるには？

今度は幼少期に限定せずに、今までの各段階で自分がどんな気持ちで生活していたのかを思い出してください。

それに「発達段階」を照らし合わせることで、「小学校の頃は成績が悪かったし、教師も怖い人だったから怒られてばかりだった……。これが原因で『劣等感』が強くなったからこそ、仕事を休みがちになったり、周りと自分を比べて嫌な気持ちになっているのかもしれない。それならば、**少しずつでもいいから自分をほめることから始めていけば、きっとこんな嫌な気持ちになることは減るはずだ**」と気づきを得られるでしょう。

そうすれば、自分の育っていなかった能力を高めることにつながり、生きづらさを軽減させることができるはずです。

まとめ

人間は一生の中で乗り越えなければならない「壁」がいくつもある。「乗り越えられなかった壁」を見つければ、自分がつらい気持ちになった理由が分かる！

Step 05

【第1章「らく」に生きられない原因はどこにある?】

過去は今からでも変えられる!

当たり前ですが過去に起きた「事実」を変えることはできません。しかし、過去に対する「とらえ方」を変えることができれば、結果としてあなた自身が抱えている「過去の嫌な体験」がなくなることになります。

もしも、タイムマシンがあったらあの頃に戻りたい……。そんなことを考えたことはないでしょうか。人間、生きていれば他人には知られたくない過去や、やり直したい時期はあるものです。

ここまでの中で、人格形成には過去の体験が大きく影響していることをお話しました。

そのため、読んでくださった方の中には、

「今の自分がこんなにつらい状況にいるのは、お母さんのせいだ!」

「小学校の時の○○先生が今の私を形成したんだ!」

と怒鳴り込みに行きたくなった人がいるのかもしれません(実際に、それをやって親との仲が悪

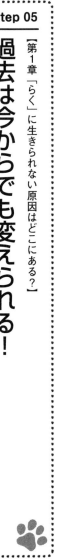

くなった家庭は多いのですが……）。

しかし、そうした行動をとっても、**生きづらさの解消にはならず、むしろ人間関係を悪化させる**ことにしかなりません。そんなことよりも、むしろ「過去を変える」ことで親や教師などへの怒りを減らす方法をオススメします。

こういう言い方をすると、

「過去を変えるなんてドラえもんにでも頼まないとできないだろう？」

と思うことでしょう。

そこで論より証拠、このような女性を想像してみてください。

ここに20代の女性がいます。

彼女は高校時代、クラスメイトと反りが合わず、友人ができませんでした。

みんなでカラオケに行ったり、買い食いをして先生に叱られたり、修学旅行で恋バナトークに花を咲かせる。海でみんなとビーチバレーを楽しんだり、クラスのちょっと気になる男の子と一緒にデートをしたり、友達と一緒に文化祭の準備に精を出す……。

そういう「普通の高校生らしい生活」を送れなかったことに強い劣等感を持っていて、学園物のドラマを見るたびに鬱々とした気分になってしまいます。

そこで、カウンセリングを受けてみることにしました。

カウンセラーは、彼女に**「高校時代の楽しかった経験」**を思い出すように言いました。

記憶を手繰り寄せると、高校時代、彼女はクラスに友だちがいなかったこともあり、イラストを描いてはインターネットのサイトに投稿することに熱中していたことを思い出しました。そのときに知り合った人から応援メッセージをもらったことがとても嬉しかったこと、そして、そのときの知り合いとは現在でもブログなどで付き合いが続いていることに気がつきました。

また、当時は漫画も毎日書いており、出版社に持ち込んでアドバイスをもらったことも思い出しました。その時につちかった作画力は今も生かされており、イラストを作成する能力は職場でも非常に高く評価されていることにも気づきました。

そこで、彼女はこう思うようになりました。

「人とは少し違うかもしれないけれど、**それなりに充実した高校生活を送っていた**。あの時、たしかに私は楽しい時間を過ごしていた。だから、ほかの人と比べて後悔する必要はないよね」

すると自分の過去を受け入れられるようになり、高校時代のことをだれかに話すことも苦にならなくなりました。

また、その過程で彼女はイラストを描いている時が一番楽しく、周りからも評価されていたことに気がつきイラストを本気で勉強するようになりました。

それから数年後、彼女はプロとしてデザイン会社で仕事を行うようになり、そこで知り合った男性と結婚し、幸せな家庭を築くことになりました……。

自分の「できなかったこと」にばかりスポットライトを当てると、過去の思い出は苦く、味気ないものになってしまいます。

たとえば、例に出したこの女性とは違い、傍から見て充実した高校生活を送った人がいたとしましょう。恋や勉強、スポーツなどに熱中し、豊かな青春を過ごしたように見えても、

「好きな女の子に振られた経験」

「親友に裏切られた経験」

「自分のやりたいことを見つけようとせず、毎日漫然と過ごしてきた経験」

などにスポットライトを当てると、「思い出したくない過去」になります。

過去にとらわれ、生きることがつらくなっているという場合、自分の**「できなかったこと」にばかりスポットライトを当てている**ことがよくあります。しかし、そのライトの位置を少し変えれば、必ず自分の**「できたこと」「楽しかったこと」**が見えてくるものです。

すでに起きてしまった〝過去の出来事〟は変えることはできません。しかし、**その出来事に対する見方やとらえ方は、いつでも変えることができます**。自分の過去がどういうものだったのか、ス

ポットライトの角度を少しずらせば、嫌な思い出を前向きにとらえ直すことができるのです。

■もっと「らく」に生きるには？

タイムマシンに乗った気分で、まずは「やり直したい過去」を思い出してください。

そして、その時に起きた「嫌なこと」ではなく、どんなにささいなことでもいいので、その時にあった**「よかったこと」を思い出す**ようにしてください。スポットライトをずらすことで〝過去〟が変われば、現在の気分も変わり、〝未来〟も変化するようになります。

少しでも良い方向に過去（厳密には過去に対する自分の『捉え方』）を変えていけば、「自分の人生も悪いことばかりではなかった」と感じられ、徐々に憂鬱な気分が軽くなっていくことでしょう。

まとめ

過去に起きたことを「嫌な思い出」と思うか「良い思い出」と思うかは本人次第。見方を変えていくことで、過去のとらえ方が変わり自分の人生を受容できるようになる。

Step 06

【第１章「らく」に生きられない原因はどこにある？】

「忘れよう」とすると余計苦しみが増す

つらいことがあったときには、人間は「対処方略」としてなんらかのストレスの発散を行おうとします。しかし、対処方略を間違えてしまうと、それが原因となってなかなか気分が晴れないことがあります。


嫌なことがあったとき、絶対にやってはいけないことがあります。

それは「嫌なことを忘れようとする」ことです。

「嫌なことはすぐに忘れた方がいいに決まっている。なぜいけないの？」と思う方も多いことでしょう。

その理由を説明する前に、まずは次の例を見てください。

ひとりの会社員が誤った見積書を得意先に提出してしまい、上司に大目玉をくらいました。彼は自分のデスクに戻り、落ち込んでこんなことを考えています。

「仕事で失敗しちゃったよ。ああ、なんてことをしちゃったんだろう。でも、このことは早く忘れよう……。そう、あのプロジェクトのことなんて早く忘れた方がいい。昨日の夜にちゃんとチェックしていればミスを防げたあのプロジェクトのことなんて早く忘れないと……。それにしても、あのとき見直していれば見積もり価格を正しく提出できていたのに……。はあ……でもしょうがない。これを教訓にして次はしっかりやれば。もう忘れよう、うん。でも……（以下、繰り返し）」

いかがでしょうか。みなさんもこうした思考に陥ったことがあるのではないでしょうか。

記憶には**「忘れようとすればするほど、鮮明になる」**という厄介な性質があります（これは「ウェグナーの実験」という研究で明らかにされています）。

たとえば、話題のミステリー小説を買って電車の中で読んでいた時、乗り合わせた誰かが、

「実はあの小説の犯人って、ヤスって名前の刑事なんだよね」

と犯人の名前を口にしたとします。

すると、普段は人の名前や約束をすぐに忘れてしまう人でも、なぜかその犯人の名前はどんなに忘れようとしても頭から離れなくなってしまうはずです。

仕事についてもこれと同様で**「仕事のことは考えるな、考えるな……」**と思えば思うほど、オフィ

ス で働く自分の姿を思い浮かべてしまうものです。

では、「嫌なこと」を頭から追い出すためには、どうすればいいのでしょうか。

答えは簡単です。

忘れようとする代わりに、別のことを頭に詰め込んでしまえばいいのです。

さきほどの事例でいえば、「仕事での失敗」を忘れようとするのではなく、その代わりになにか気晴らしをして別のことを考えるようにします。気晴らしはなんでも結構ですが、スポーツ観戦や映画鑑賞など、できるだけ没頭できるものがいいでしょう。そうすれば一時的に**嫌なことを考えるヒマがなくなり、気分の落ち込みを防ぐことができます**。よく失恋の傷を癒すのは「新しい恋」と言われるのも、これと同じ理屈なのでしょう。

……といっても、仕事が忙しくてすぐに「気晴らし」ができない人も多いと思います。

そのような場合は、無理に時間を作る必要はありません。大切なのは「なにかをする」ではなく、「問題の対象以外のことを頭に詰め込む」ことです。言ってしまえば**「目の前のものに集中する」**だけでも、ある程度、気持ちを静めることだって可能なのです。

たとえば、仕事でミスをして落ち込んでいるのであれば、手に持っている缶コーヒーを見て、「そういえばこのコーヒー、あまりおいしくないな。そういえば、この間、近所のカフェで飲んだコーヒーはすごくおいしかったな。やっぱり淹れたての方がコーヒーはおいしいのかも。そういえば今日は給料日だった。帰りがけにコーヒーメーカーを買ってみようかな、うん、そうしよう！　たしか、サイフの中にクーポンがあったっけ。それを使おうかな……」

といった具合に、とにかく思考を何らかの物事で埋めていき、できれば**「楽しいこと」**につながるように考えてみてください。それだけでも、日常で抱えているストレスは軽くなるはずです。

■もっと「らく」に生きるには？

まずは、「いやなことが起きた時」にどんなことをすれば気分がらくになるのかを考えてみてください。趣味がないという方もカラオケやボーリング、マッサージやランニングなどを思い浮かべるといいでしょう。（たとえば筆者は、小説を書くことで嫌なことを忘れるようにします）。

余裕がある方は、先ほどのコーヒーの例で挙げた、**「気持ちをいい意味で逸らす方法」**を実際にやってみましょう。コツは目の前にあるものから**「物事を連想させていく」**ことです。

まとめ

人間は「忘れよう、忘れよう」とすればするほど忘れられなくなってしまう。
そのため、上手く「思考を逸らす」ようにしていくと気持ちが「らく」になっていく。

Step 07

【第１章「らく」に生きられない原因はどこにある？】

生き方を変えるにはどうすればいい？

第１章で気がついた「自分が抱える問題の原因」について、より具体的に理解し、解消する方法を第２章以降で書きました。そこで、具体的にどのようなことをするのかを本節で紹介します。

ここまでの話で「なぜ、自分が生きづらさを抱えているか」がわかっていただけたのではと思います。しかし、いままで紹介した技法だけでは、

「結局孤独感は解消し切れていない……」

「どうしても他人に気を使いすぎてしまい、疲れてしまう」

と悩んでいる方も多いと思います。

そこで次の章から「生きづらさ」を変えるための、より具体的な技法の解説に移ります。

まず、第２章では心理テストによってあなた自身の**性格の「たな卸し」**をしていただきます。

「心理テスト」というと、

「あなたは無人島に漂着しました。その手に持っているのは次の4つのうちどれでしょうか？」

というような「占い」のようなものを想像するかもしれません。あれはあれで面白いのですが、科学的な根拠は残念ながらありません。

今回、本書で取り上げた「心理テスト」は、**数々の統計学的な検証によって専門的に作られたもの**であり、実際に多くのカウンセリング施設や病院などで使用されている本格的なものです。

なぜ、最初に「心理テスト」を行うのかというと、**実は人は意外なほど自分の性格について理解できていない**からです。

「そんなことないよ」と思う方も多いでしょうから、ひとつ質問をいたします。

もしあなたが、たったいま会社の面接を受けているとしましょう。面接官から「あなたの長所と短所を教えてください」と聞かれたら即答できるでしょうか？

おそらく（就活生でもなければ）、

「ええっと……。いつも明るいところが長所です」

「真面目すぎるところが短所だと思います」

と、半ば思いつきで答えるのが精いっぱいだと思います。

しかし、心理テストを行い、自分自身がどんな人物なのかをきちんと理解すると、

「今までそうとう自分の性格に合わないことをしていたんだな」

「自分の考え方には、こんな癖があるんだな」

といったことを知ることができ、**あなたにとって無理のない生き方がわかる**ようになります。

……また、この話を聞いて「もしかして、これは就職活動でも使えるんじゃないか？」と思った人もいることでしょう。その通りです。本章では**キャリア・カウンセリングにおける「自己分析」の技法**も取り入れています。転職などを考えている方にもここで書いた技法は有効的です。

次に第3章では「認知行動療法」のやり方を説明します。

認知行動療法とは心理療法のひとつであり、簡単に言えば**「物事に対する考え方やとらえ方を変えることによって、不安感を下げる技法」**です。

この心理療法は、うつ病に対しても非常に高い効果があり、**保険診療としても認められている**ものです。ここでの技法をマスターすれば、**「ストレスに感じていた嫌な出来事」であっても、気持ちを「らく」にして臨める**はずです。また、この章で紹介する技法に沿って自身をモニタリングすると、**自分に合った「らく」な生き方**を見つけられることでしょう。

これまで認知行動療法は（うつ病の患者さんに用いられるということもあり）、プロのカウンセラーにしか施行できない専門的な内容として扱われていました。本書では難しい理論は省略し、**書いてあることを実行していくだけでいま抱えている「生きづらさ」を克服できる**ように工夫しております。

第4章では、「自律訓練法」のやり方を解説します。

これはいわゆる**「自己催眠」の技術**であり、**自分自身にうまく暗示をかけることによって、ストレスや緊張感を解きほぐす**という方法です。

「催眠」というと、テレビのバラエティー番組などの影響で「なんだか胡散臭いもの」「魔法みたいなもの」と考えてしまうかもしれません。しかし、臨床現場での催眠は、夜尿症（おねしょのこと）の子どもに用いられるなど、ごく一般的な技法として知られております。

この自律訓練法は言い換えれば**「普段意識せずに使っていた神経（自律神経）に注意を向け、自分でコントロールする方法」**です。

「普段ちょっとしたことで胸がドキドキして不安になって眠れない」という人が自律訓練法をマスターすれば、

「意識的に胸のドキドキを落ち着かせ、気持ちよく眠れるようになる」

などのメリットがあります。

それ以外にも、上手く自分の緊張をコントロールできるようになると、

・気持ちを上手に落ち着けられるようになり、疲労が回復する
・怒りの感情などもうまくコントロールできるようになり、気持ちが穏やかになる
・落ち着きを持つことによって集中力が増し、仕事や勉強の能率が上がる
・自分自身に深く目を向けることで内省力がつき、向上心が増す
・頭痛や生理痛など、神経に由来する痛みに効果がある（すべての事例に当てはまるわけではありませんが……）

などの効果も期待できます。「催眠」というと、ものすごく難しい技法だと思うかもしれません。しかし本書で行う技法は非常に簡単で、慣れれば初学者の方でもすぐにできるようになります。

これまで心理学の本などでは、自律訓練法は認知行動療法と同様に「こういう方法があるから、病院で受けてみてください」という紹介程度で済まされることがほとんどでした。ですが、本書で

は細かい部分まで詳細に説明し、**「読んだだけで、ある程度できるようになる」**ことを目標にしています。

第5章では、それまで紹介したメソッドを行っても「気持ちがらくにならない」という人のために、上手く人とかかわる方法について解説しています。本書の目的である「らく」に生きる方法とは、少しずれるのでいわゆる補足的な位置づけです。それでも**人付き合いが苦手な人やストレスを人一倍溜め込みやすい人には非常に役に立つ**はずです。

各項目はどれも10分程度で読み終わるような簡単なものにしております。

それでは、次の章から順番に行いましょう。

【第2章】

まずは「自分自身」を知ろう！

人間は自分自身のことについて意外なほど見えていないものです。自分自身の性格や内面を理解することは、人間関係などにおけるストレスの原因を理解するうえで役に立ちます。

本章では心理療法の現場で用いられている心理テストを使って、あなた自身が抱えている「無意識の心の叫び」に目を向けてみましょう。

Step 08

自分の「お疲れ度」を客観視することが第一歩

【第2章　まずは「自分自身」を知ろう！】

体の疲労に比べて心の疲労というのは、なかなか自分では気づかないものです。そこで心理学や精神医学の分野で頻繁に使用されている「CES - D」を用いて、自分の抑うつ気分を点数で計測してみましょう。

心配をかけたくないから、つらくても元気なふりをしてがんばってしまう。迷惑をかけると思って頼まれたら断れない。生きづらさを覚えている人は無理をしていることが多いと思います。そんな暮らしを続けていると、ストレスが限界を超えたところで爆発してしまうことも……。

そうならないように、まずは自分の疲労度を点数にしてみましょう。

これから行う心理テストは、**「CES - D」という、心療内科でよく使用されている尺度をベースに作成されたもの**です。もともとは抑うつの診断のために行われているものですが、非常に簡単なので現在では様々な領域で応用されています。数分で終わるのでさっそくやってみましょう。

「お疲れ度」診断テスト（CES-D）

次の20の文章を読み、この１週間でまったくないか、あったとしても１日も続かなかった場合は「**A**」、週のうち１～２日なら「**B**」、週のうち３～４日なら「**C**」、週のうち５日以上なら「**D**」を○で囲んでください。

1	普段は何でもないことがわずらわしい	A	B	C	D
2	食べたくない、食欲が落ちた	A	B	C	D
3	家族や友人からの励ましでも気分が晴れない	A	B	C	D
4	ほかの人と同じ程度には能力があると思う	A	B	C	D
5	物事に集中できない	A	B	C	D
6	ゆううつだ	A	B	C	D
7	何をするのも面倒だ	A	B	C	D
8	先のことについて積極的に考えられる	A	B	C	D
9	過去のことについてくよくよ考える	A	B	C	D
10	何か恐ろしい気持ちがする	A	B	C	D
11	なかなか眠れない	A	B	C	D
12	生活について不満なくすごせる	A	B	C	D
13	普段より口数が少ない、口が重い	A	B	C	D
14	一人ぼっちでさびしい	A	B	C	D
15	皆がよそよそしいと思う	A	B	C	D
16	毎日が楽しい	A	B	C	D
17	急に泣き出すことがある	A	B	C	D
18	悲しいと感じる	A	B	C	D
19	皆が自分をきらっていると感じる	A	B	C	D
20	仕事が手につかない	A	B	C	D

さて、ひと通りチェックが終わったら各回答を、

A…0点

B…1点

C…2点

D…3点

で計算し、合計点を出してみてください（ただし、問4、問8、問12、問16はA…3点、B…2点、C…1点、D…0点になります）。

最高点は60点ですが、この**数字の合計点が16点以上であれば、かなりの疲労を心に溜めているこ**とになります。これを自分の知り合いなどに施行して、高い点数が出た時には、心療内科の受診などを検討されるとよいでしょう。

■もっと「らく」に生きるには？

まずは自分のいまの状態を知るために、この「CES‐D」をやってみてください。そして出た結果をメモのようなかたちで残しておくようにしてください。

第3章や第4章では、具体的につらい気分を和らげる技法を解説していきます。それらの技法を実践した後、再びこのテストを行い、前の結果と比較すれば**「どの程度、気分がらくになったのか」**

ということを客観的に評価することができます。

やる気を出すには、やはり客観的に目に見える「成果」がなければうまくいきません。

その代表的なものが、ダイエットです。ダイエットをする人はほぼ100パーセント、「体重計」を使用します。あるいは、自分のウエストのサイズを測る「メジャー」を使用することでしょう。

もしもあなたがこれらの道具を持っておらず、「何キロ痩せたか」「何センチウエストが細くなったか」がわからなければ、どんなに肥っていてもダイエットをがんばれないと思います。

この**「CES‐D」は、あなたが抱えている不安や苦痛を測る「体重計」の役割を担います。**

「先週はCES‐D点の点数が24点だったけど、最近は調子がいいな。点数も18点になってきたし、毎日の仕事で受けるストレスが減ってきているのかもしれない」

などと点数を照らし合わせれば、達成感を覚え、より気分も明るくなるでしょう。

まとめ

周りにストレスを見せないようにしていると、自分でもストレスの度合いがわからなくなる。
そこで尺度を使って具体的に見ることが重要になる。

Step 09

【第2章　まずは「自分自身」を知ろう！】

性格をパラメータ化すれば対処法が見えてくる

人の考え方や行動のもとになる「性格」。しかし、ときにこの性格は不適応の原因になることもあります。自分がいったいどういう性格なのか、「エゴグラム」を使用して客観視してみましょう。

孫子の兵法の時代から、己を知ることは重要だとよく言われています。

本書を読んでいる方の多くは自分の性格のことで悩んでいるかと思います。しかし、自分の性格にどのような長所と短所があるのか、具体的に言い表すことができるでしょうか。

そこで役に立つのがここで紹介する**「エゴグラム」**です。これはカナダ出身の精神科医、エリック・バーンによって作成された50項目の質問紙であり、自分の考え方の癖や特徴、そして他者とのかかわり方を理解するうえで非常に役に立ちます（ここで使用しているものは、初めての方でもわかりやすいように、やや内容を簡略化しています）。

以下に挙げる質問を読んで、「はい」は「○」、「いいえ」は「×」、「どちらでもない」は「△」で答えてください（質問は次ページに続きます）。

各項目の説明は後で行います。

C P（Critical Parent）

1	間違ったことに対して、間違いだといいます	○	△	×
2	時間を守らないことは嫌です	○	△	×
3	規則やルールを守ります	○	△	×
4	人や自分をとがめます	○	△	×
5	～すべきである、～せねばならないと思います	○	△	×
6	決めたことは最後までやらないと気がすみません	○	△	×
7	借りたお金を期限までに返さないと気になります	○	△	×
8	約束を破ることはありません	○	△	×
9	不正なことには妥協しません	○	△	×
10	無責任な人を見ると許せません	○	△	×

N P（Nurturing Parent）

1	思いやりがあります	○	△	×
2	人をほめるのが上手です	○	△	×
3	人の話をよく聞いてあげます	○	△	×
4	人の気持ちを考えます	○	△	×
5	ちょっとした贈り物でもしたいほうです	○	△	×
6	人の失敗には寛大です	○	△	×
7	世話好きです	○	△	×
8	自分から温かく挨拶します	○	△	×
9	困っている人を見ると何とかしてあげます	○	△	×
10	子供や目下の人をかわいがります	○	△	×

A（Adult）

1	何でも、何が中心問題か考え直します	○	△	×
2	物事を分析して、事実に基づいて考えます	○	△	×
3	「なぜ」そうなのか理由を検討します	○	△	×

4	情緒的というより理論的です	○	△	×
5	新聞の社会面などには関心があります	○	△	×
6	結末を予測して、準備をします	○	△	×
7	物事を冷静に判断します	○	△	×
8	わからないときは、わかるまで追求します	○	△	×
9	仕事や生活の予定を記録します	○	△	×
10	ほかの人ならどうするだろうかと客観視します	○	△	×

F C（Free Child）

1	してみたいことがいっぱいあります	○	△	×
2	気分転換が上手です	○	△	×
3	よく笑います	○	△	×
4	好奇心が強いほうです	○	△	×
5	物事を明るく考えます	○	△	×
6	茶目っ気があります	○	△	×
7	新しいことが好きです	○	△	×
8	将来の夢や楽しいことを空想することが好きです	○	△	×
9	趣味が豊かです	○	△	×
10	「すごい」「わぁー」「へぇー」などの感嘆詞をよく使います	○	△	×

A C（Adapted　Child）

1	人の気持ちが気になって、合わせてしまいます	○	△	×
2	人前に出るより、後ろに引っこんでいます	○	△	×
3	よく後悔します	○	△	×
4	相手の顔色をうかがいます	○	△	×
5	不愉快なことがあっても口に出さず抑えてしまいます	○	△	×
6	人によく思われようとふるまいます	○	△	×
7	協調性があります	○	△	×
8	遠慮がちです	○	△	×
9	周囲の人の意見に振り回されます	○	△	×
10	自分が悪くもないのに、すぐ謝ります	○	△	×

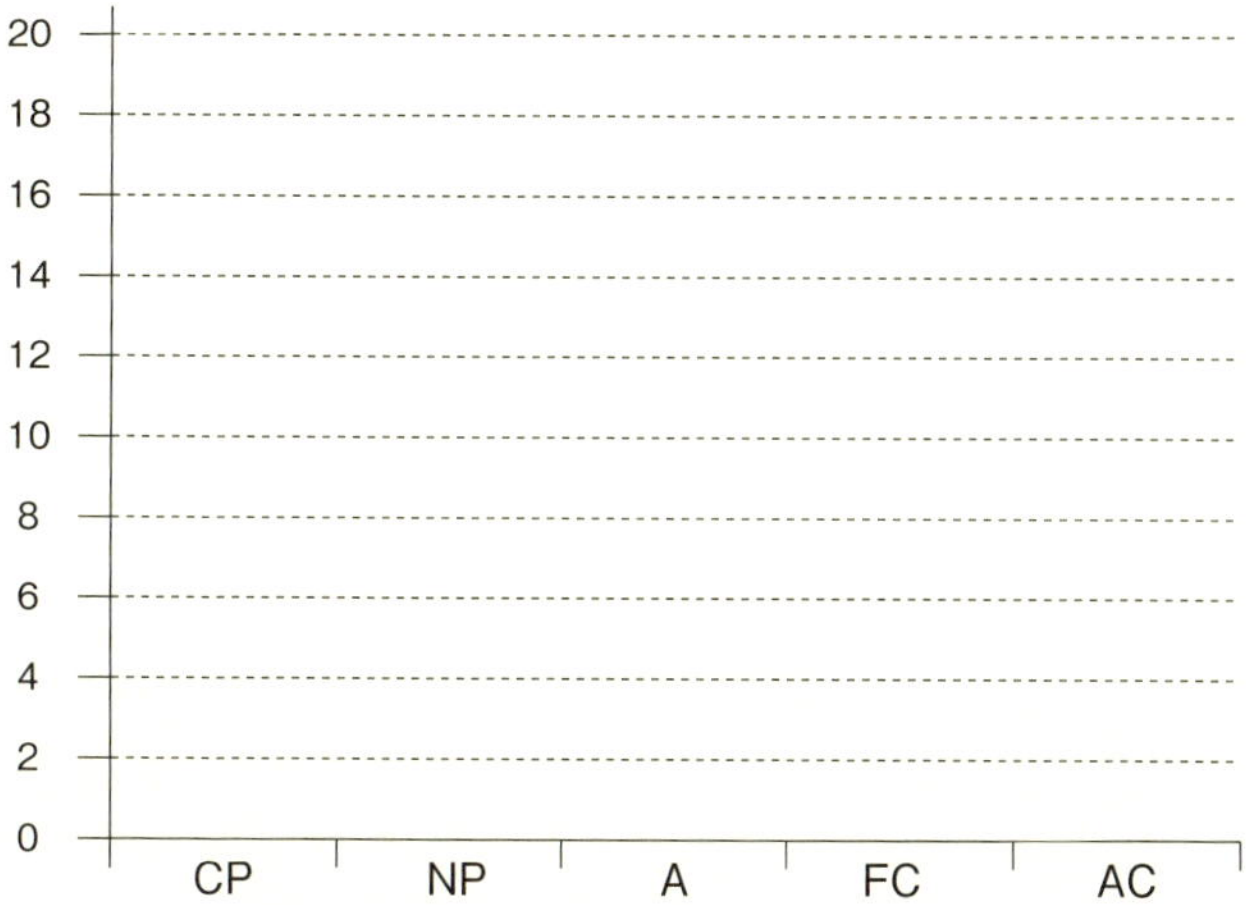

質問の合計ポイントをグラフにしてみましょう。

さて、質問に答えていただけたでしょうか。
それでは次に、10問ごとに別れた各カテゴリーの合計点を出していきます。「○」は2点、「△」は1点、「×」は0点で計算してみてください。最高点は20点、最低点は0点です。

そうして各カテゴリーの合計点が出たら、上のグラフに書き入れ、図表化してください。

ちなみに、男性はＮＰとＦＣが女性よりも低くなりがちです。そこで男性の場合はその２つのスコアは点数よりも少し高いものだとお考えください。

書けましたか？　それでは、各カテゴリーについて解説していきましょう。

・CP (Critical Parent)

これはあなたの「父親的な側面」です。この数値が高い人は、高い理想や目標があるうえ、道徳観やモラルを持ちあわせており、周囲を引っ張っていく力があります。

その半面、頑固であったり、他者の責任を必要以上に追求してしまったり、「だからゆとりはダメなんだ」など、物事に対する強い偏見を持ってしまうなどの短所があります。

・NP（Nurturing Parent）

これはあなたの「母親的な側面」です。

他者に対して持つ保護的な気持ちであり、やさしさや思いやりの高さといってもいいでしょう。一方で裏を返せば「おせっかいを焼きすぎてしまう」ところがあり、度が過ぎると相手に「うっとうしいな」と思われてしまうこともあります。

・A（Adult）

これはあなたの「大人らしい側面」です。

Aの数値が高い人は物事を合理的に判断し、的確に考える能力に優れています。ほかにも冷静で現実主義的な長所も持っています。一方、クールに物事を考えすぎる傾向があるため、周囲に冷たい印象を持たれたり、「コンピューターみたい」と思われてしまうこともあります。

・FC（Free Child）

これはあなたの「自由な子どもの側面」です。

これが高い人は自由に感情表現ができることが特徴です。創造力があり、好奇心が強いところも長所として挙げられます。一方で気まぐれで自己中心的だったり、わがままなところがあり、周りから「子供っぽい」と思われてしまうといった短所があります。

・AC（Adapted Child）

これはあなたの「良い子の側面」です。

これが高い人は協調性があり、言われたことにきちんと従うなど、周囲との関係を円滑にする点に優れています。反面、他者に依存し過ぎたり、あるいは「本当はやりたくないけどやらなくちゃ」と他人に気を遣い過ぎたり、本心をさらけ出すことができないといったデメリットがあります。

「エゴグラム」は、このように性格の傾向を大きく5つに分類し、それぞれを点数化することで、自分の性格の傾向を知ることができるようになっています。

各傾向の説明だけでもある程度、自分の性格を理解することはできますが、全体から作られる典

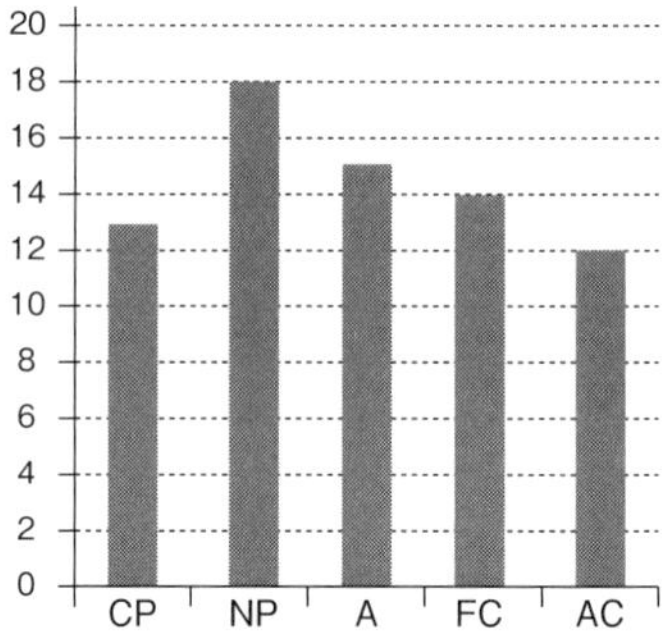

1. 自分も他人も受け入れることができるタイプ

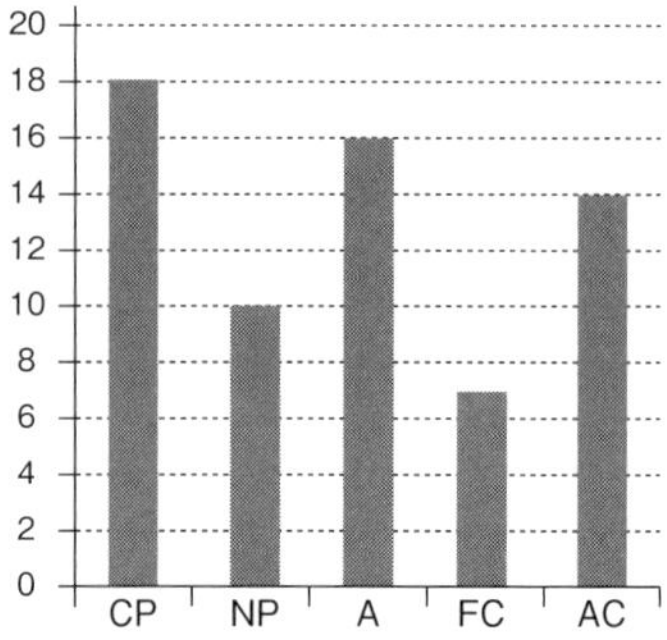

2. 不満を内面に溜め込んでしまうタイプ

型的な性格のパターンがありますので、いくつか紹介してみましょう。

①自分も他人も受け入れることができるタイプ

NPが高くそこから山なりになった方は、自分も他人も認めており、相手に対してやさしい心を持ちながらも、自分も過剰に適応をしていないという形です。

②不満を内面に溜め込んでしまうタイプ

Wの形になった方は、社会に強い不満があるけれども、周囲に従わなければならない、という気持ちも強いため、ストレスを溜め込みやすい傾向があります。

加えて、合理的に考える能力が高く、自分の能力を客観的に理解できてしまうため、「本当にやりたいことは、こんなことじゃないんだ！」「あの時、ああすればよかったんじゃないか？」など、心の中に葛藤を抱えてしまいがちな性格と

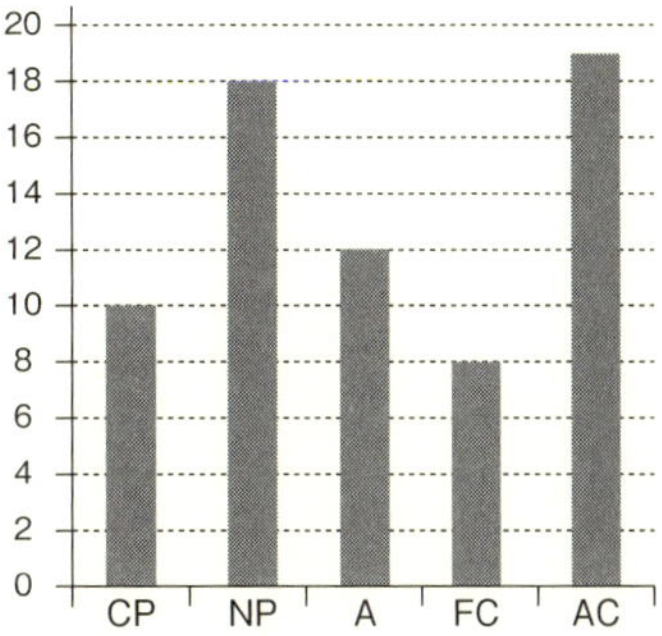

3. 無理してでも期待にこたえようとするタイプ

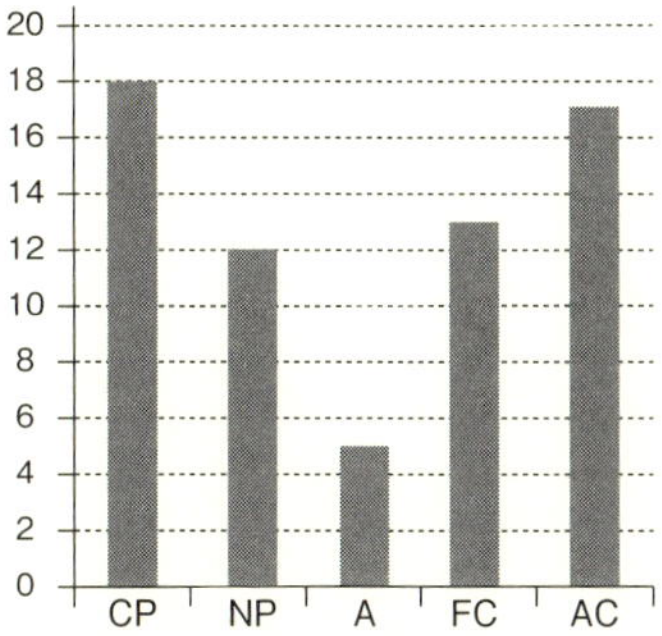

4. がんばりがなぜか空回りするタイプ

いえるでしょう。

③無理してでも期待にこたえようとするタイプ

Ｎの形になった人は、自分自身を強く押さえつけ、他人と協調しようとする気持ちが強い性格と言えます。

そのため、周りからは「良い人」と思われているかもしれませんが、本当はとても苦しい状況にあるかもしれません。

また、ＮＰが高く優しい性格をしていること、ＦＣが低く感情の表現が苦手ということもあって、なかなか自分の感情や欲求を伝えることができず、「大変だけど、みんなのために頑張らなくっちゃなあ……」と問題を抱え込んでしまうことが多いタイプです。

④がんばりがなぜか空回りするタイプ

Ｖの形になった人は、物事に問題意識をしっかりと持っており、また周りからよく思われたいという気持ちがあることから、難しいことにチャレンジする精神が旺盛です。

しかし、合理的な判断が苦手ということもあって、がんばってもなかなかうまくいかないことも多いでしょう。そのため、「なんでこんなに努力しているのにうまくいかないんだろう」と悩むことも多いタイプです。

ここでひとつ知っておいてほしいことがあります。

ここで挙げた性格特徴をご覧いただければわかると思いますが、実は、これらの**性格特徴には長所もあれば、短所もあります**。誤解されることが多いのですが、「CPが高いからダメ」「NPが高いからいい」「どれも中間だといい」というわけではありません。いずれも得意、不得意があるのです。

性格を変えようと努力することは悪いことではありません。しかし、**まずは自分の性格特徴の長所に目を向けることが重要**です。

「自分はCPが高いな。たしかに頑固なところがあると思っていた。でも、この性格は道徳心が強い、という意味もあったのか。この特長を活かせるように他人と接していけば、無理をしないで周囲とうまくやっていけるんじゃないかな」

「普段から他人の顔色を窺うことが多いからＡＣが高いと思っていたけど、これは〝周りに順応できる〟という長所でもあったのか。それなら、無理になくさず残しておいてもいいかも」

といったように見方を変えていけば、自分の性格特性の長所を伸ばしていくことができます。自分の性格の得意・不得意を知れば、苦手な行動をとってストレスを溜め込むことも減っていきます。**性格を知ることは生きづらさの解消につながる**のです。

この**「エゴグラム」で自分の長所と短所を知ることは、「就職活動」においても役立ちます。**自分がどのような能力に優れており、どの部分を伸ばすべきかについて理解していれば、面接などで自己ＰＲをする際にも話がしやすくなるはずです。

■もっと「らく」に生きるには？

まずは「エゴグラム」を使って、自分の性格的特徴を理解してください。

これによって自分の長所と短所を理解すれば、

「ＡＣが満点か。今まで本当に自己主張ができていなかったんだな」

「ＦＣが３点？　それだけ自分の感情をしっかりと出せていなかったのか」

など、**ストレスを抱えやすい原因がわかる**と思います。

このエゴグラムもできればメモに取っておいてください。

これから本書で紹介する技法を行った後、エゴグラムに変化が見られれば、「自分の性格がいい方向に変わっていっている」と、**目で見て客観的に判断できる**ため、励みになるからです。

なお、エゴグラムの改善を行う際は**「高い能力を下げる」よりも「低い能力を上げる」ように心掛ける**とうまくいきます。

まとめ

エゴグラムを使うことによって自分の弱みと強みが客観的に理解できる。
低い部分を高めていくようにすると、自然に高すぎる部分も下がっていく！

Step 10

【第2章　まずは「自分自身」を知ろう！】

「対処のクセ」がわかれば違う自分になれる

もしも他人から何らかのストレスになるような刺激を受けたときに、人間は特定の対処を行います。しかし、この対処の方法に偏りがあると、人とのかかわりでストレスを抱えてしまいやすくなります。


道を歩いている時、突然、後ろから誰かがぶつかってきました。

そんな時、あなたはどうしますか。

「気をつけてください」と注意するでしょうか。

それとも、とくになにも言わずに済ますでしょうか。

もしくは、ぶつかってきたのは相手なのに、「すみません」と謝ってしまうでしょうか。


現代人の抱えるストレスの大部分は、人間関係に原因があると言われています。

人間は他人との関わりの中でトラブルを抱えるとなんらかの対処法をとり、解決しようとします。その対処法が偏っていると、人と接する中でストレスが生じやすくなるのです。

さて、あなたは対人関係で普段、どのような「対処の仕方」をしているでしょうか。対処の仕方の傾向を知るために、次の問題をやってみてください。

【問題】

あなたは出張で名古屋に行きました。

大口の契約を結んでもらうために、取引先でプレゼンテーションをする予定です。

前日から現地入りし、準備を行っていたあなたはすでに先方の会社の前に到着しています。

しかし、待てども暮らせども、東京からくるはずの部下がやってきません。

そうこうしているうちに、約束の時間が刻一刻と迫ってきました。

プレゼン用に使う資料の大部分は部下が持っているため、このままではプレゼンができなくなってしまいます。

さて、そんな状況の中、あなたはいま次のA～Dのうち、どの気持ちが一番強く頭に浮かびましたか？

A…ああ、もう！　きっとあいつ、寝坊したな？　到着したらとっちめてやろう！
B…おかしいな、もしかしたら場所を間違えて伝えちゃったかな？
C…電車が遅れているのかもしれない。いつ到着するんだろう？
D…ま、どうしようもないや。あいつがくるまで待つしかないな。

これは**「ストレスを感じた時に怒りや不満の矛先をどこに向けるか」**について考えるための心理テストです。

A～Dの特徴をそれぞれ見ていきましょう。

●Aを選んだ人

Aを選んだあなたは、**「他責的な反応」**が多いタイプかもしれません。

「他責的な反応」とは、簡単に言うと、**欲求不満の原因を他人にもとめる反応**です。

なにかトラブルがあると、誰かれ構わず文句を言ったりする人がいますが、このタイプの典型的な例といえるかもしれません。

この反応が多いタイプは傍から見ると身勝手でわがままに映りますが、その反面、**実は周囲から**

どう見られているのかを非常に気にしていたりします。心の奥底で他人から批判されたり、攻撃されることを恐れるあまり、その不安を隠そうとして、周囲につい批判的だったり、攻撃的な態度をとってしまうのです。

「他責的な反応」に偏ってしまうと、当然ながら、周りの人たちと良好な人間関係を築くことは難しくなります。

その一方で、この反応があまりに少ないと、自己主張ができなくなり、ストレスを溜め込んでしまう原因になります。

●Bを選んだ人

Bを選んだあなたは、**「自責・自己非難的な反応」**が多いタイプかもしれません。

「自責・自己非難的な反応」は、人間関係でトラブルが起きた時に、**他人ではなく自分に原因があると考えてしまう反応**です。

この反応は、社会に溶け込み、周囲と良好な人間関係を築くためには欠かすことができない非常に重要な反応です。

しかし、この反応にばかり偏ってしまうと、自分の本音を抑えこんでしまうため、人間関係で強いストレスを抱えることになってしまいます。

イジメやセクハラ、ストーカー行為など、**明らかに相手に非がある場合でも「自分に原因があるに違いない」「自分が悪かったからこうなった」**などと必要以上に**自己批判**してしまうため、心に大きな負担を抱えてしまいます。

●Cを選んだ人

Cを選んだあなたは、**「無責型の反応」**が多いタイプなのかもしれません。

「無責型の反応」というのは、簡単に言うと「物事の責任を特定の人には被せない」という反応です。さらにわかりやすく言うと、何かトラブルが起こっても「誰も悪くない」と考える反応です。

この反応が多い人は、たとえば道で肩がぶつかったような時でも「道幅が狭いから仕方がないですよ」などと状況のせいにしたり、誰かがミスをした時にも「まあ、みんなが悪かったんだし、仕方がないよ」などと特定の個人を責めることはせず、トラブルに関係した全員に責任を分散させようとします。

誰も傷つけない、言うなれば**「社会的に成熟した反応」**ですが、見方を変えれば、**気の弱さの裏返し**ととることもできます。こうした反応が多すぎると、「自責的な反応」と同様、自分の気持ちを押し殺してしまい、負の感情を溜め込んでしまうことになります。

●Dを選んだ人

Dを選んだあなたは、**「無責固執反応」**が多いタイプかもしれません。

「無責固執反応」は、Cの「無責型の反応」の一種ですが、とりわけ**「時間が解決してくれる」**と考えるところに特徴があります。

何が起こってもイライラしない、おおらかで我慢強い反応ですので、Dを選んだ方はストレスを感じにくいタイプなのかもしれません。

しかし、いつもこの反応ばかりとっていると、**「事なかれ主義」**だと思われ、周囲に責任感がないという印象を与えてしまいます。

それでは、なかなか責任ある仕事は任せてもらえません。

また、人間関係においても「この人にはきっちりしておかなくても大丈夫だろう」などと軽く見られてしまうことになります。

そうなると、結局、自分自身をストレスのある環境に追い込むことになってしまいます。

……対処の種類はさらに細かく分類できるのですが、ここではあえて簡略化しました。

4つのパターンは**「多すぎても少なすぎても、人間関係でストレスを感じる」**ということがわかると思います。

人と接することがストレスになっているという場合、あなたの対処法が何かひとつに偏っているのかもしれません。

人間関係の負担を減らすひとつの方法は、物事をバランスよく見て、考えることです。

「ひょっとしたら、自分はいつも偏った対処法をしていたかも」

と思ったら、別の対処法を行ったらどうなったかを考えてみましょう。

■もっと「らく」に生きるには？

まずは、さきほどの心理テストをやってみてください。

その結果を踏まえて、

「トラブルが起きた時に、普段、どんな対処法をとっているのだろうか」

と考えてみてください。

おそらく、本書を読まれている方の大部分は、Ｂの**「自責的な反応」をとっていることが多い**のではないかと思います。なかには**「『自責的な反応』以外はまったく思い浮かばなかった」**という人もいるかもしれません。

さきほども述べましたが、「自責的な反応」は社会生活を送るうえで、非常に重要な要素です。

しかし、トラブルが生じるたびに自分を責めたり、言いたいことを言わずに我慢していると、ストレスが溜まるだけです。

人間関係の対処法には、「これが正解」というものはありません。いつも同じ対処法ばかりとっていると感じたら、ときには普段の自分とは違った方法を試してみるのもいいやり方です。

そうやって少しずつ**ストレスを感じない対処法を探していく**ことができれば、生きづらさも自然に軽減されていくことでしょう。

まとめ

人間関係でトラブルが生じた場合の対処の仕方は「他罰」「自罰」「無罰」などのパターンがある。
これらの対処法のどれかに偏り過ぎることなく行うのが、ストレスのない生活につながる。

Step 11

【第２章　まずは「自分自身」を知ろう！】

「本当の自分」をライフライン・チャートで発見

抑うつ的な人に多いのが「なにかしなきゃと思うけど、具体的になにをすればいいかわからない」という考え方です。「ライフライン・チャート」を行えば、「本当にしたいこと」や「やらなくてもいいこと」がはっきりします。

人間は、やりたいことをしているときに一番充実感を覚えます。
しかし、ひとたび社会に出て、自分の気持ちにフタをして仕事するようになると、次第に「なにがやりたいことなのか」がわからなくなることがあります。

「自分は人生のどこに価値を置いているのか？」
「自分にとっての幸せとはなんなのか？」

そうしたことがわからなくなって、漠然とした不安や不満を抱えてしまうのです。

そこで今回は、カウンセリングでよく用いられる**「ライフライン・チャート」**を使って、「自分の本当にやりたいこと」を探してみましょう。

「ライフライン・チャート」とは、自分の過去や未来の生活を年代別にまとめた図表のことです。

この技法はもともとキャリア・カウンセリングでよく使われているものです。キャリア・カウンセリングは「自分のやりたいことがわからない」という人の相談を受けて、仕事を決める手伝いをする場です。やりたいことを探すには、うってつけのテクニックなのです。

「ライフライン・チャート」は、非常にシンプルです。

手順はわずか3ステップです。

①自分の人生を年齢ごとにX軸に書いていく。
②それらの時期において感じた「幸福度」を100点満点のグラフに書く。
③それぞれの時期について、点数をつけた理由を書いてみる。

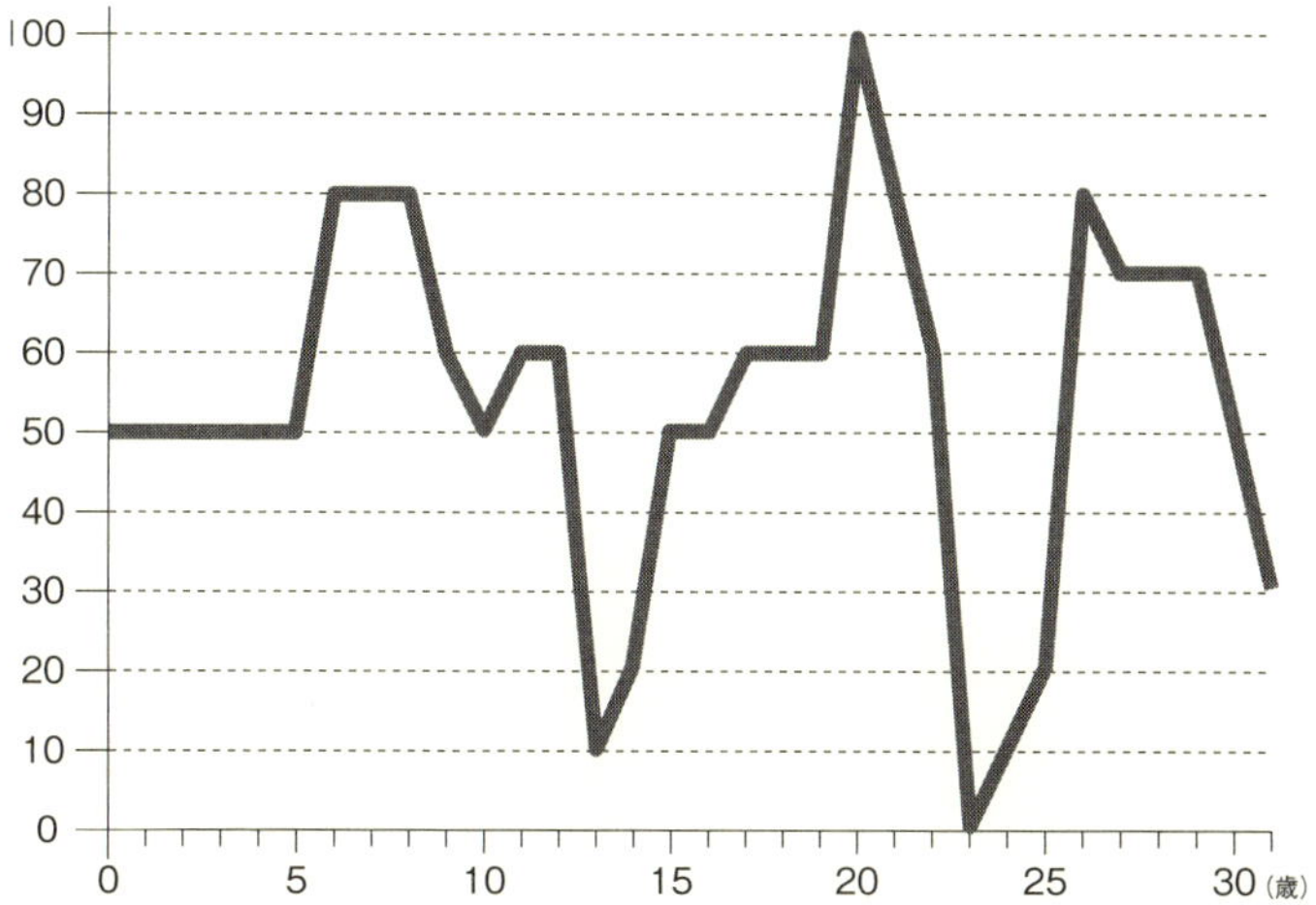

【例】30歳女性のライフライン・チャート

とはいえ、これだけでは難しいと思うので、ここでもひとつ例を出します。

【例】
年齢：30歳　女性
主訴：自分のやりたいことがわからない

【それぞれの時期に起きたこと】
6歳…小学校入学。同級生と充実した毎日。
10歳…祖母の具合が悪くなる。
13歳…いじめに遭う。さらに祖母が亡くなる。
15歳…志望校に合格する。
18歳…大学受験に失敗、浪人する。
20歳…初めて恋人ができる
22歳…事務員としてアルバイトを始める。
23歳…恋人の浮気が原因で別れる。

26歳…主任として後輩を指導、正社員に登用される。

30歳…配置転換により、支社に転勤する。


さて、この女性の「ライフライン・チャート」からどのようなことが読み取れるでしょうか。

彼女の場合、大きく幸福度が上がったタイミングが3つほどあります。

「小学校に入学（6歳）」

「初めて恋人ができた（20歳）」

「主任として後輩を指導するようになった（26歳）」

の3つの時期です。

逆に大きく下がっているのは、

「いじめに遭う。さらに祖母が亡くなる（13歳）」

「恋人の浮気が原因で別れた（23歳）」

「配置転換により、支社に転勤する（30歳）」

の3つの時期でした。

その一方で、彼女の幸福度は
「志望校に合格（15歳）」

「大学受験に失敗（18歳）」

といった、個人的な成功体験や失敗体験の時にはそれほど大きく上下していません。

これらの情報を合わせると、彼女の幸福に関する考え方が見えてきます。

彼女は「個人的な成功や失敗」にはあまり重きを置いていません。しかし、「誰かのためになにかをしてあげる」「だれかに頼られる」といった時に幸福を感じ、その関係性が壊れた（「失恋」や「転勤による配置転換」など）ときにストレスを感じています。

「彼女が充実感を覚えること」、つまり**「彼女が本当にやりたいこと」というのは「だれかの役に立つ」ことだった**のです。

例題の女性は自分のやりたいことがわからず、焦燥感を抱えているということでした。いきなり仕事を変えるというのは難しいでしょうから、まずは**適性にあった趣味を探すところからはじめる**のがいいと思います。

「体が不自由な人のためのボランティア」

「愚痴聞きの相談員」

など、仕事以外でも誰かの役に立つものはいくつもあります。そのように趣味からはじめていけば、焦燥感や停滞感も和らいでいくはずです。

■もっと「らく」に生きるには？

まずは左ページの「ライフライン・チャート」を書いてみてください。人によっては10分もかからないでしょう。余裕がある場合は「これからどうなりたいか」を考え、未来の「ライフライン・チャート」を埋めてみてください。先ほどの女性のケースであれば、

40歳…障害者のためのＮＰＯ法人を立ち上げ、より多くの人のために貢献する。
45歳…コンサルタントも行い、ブログに１日２００人の集客を行う。
50歳…ボランティアで勉強した内容を元に本を出版する。

などでしょう。「ライフライン・チャート」は「自分の本当にやりたいこと」がわかるだけでなく、これからどういう人生を歩んでいけばいいのか、その指針にもなるのです。

まとめ

過去の体験とその時に感じた幸福度を掘り返すと、自分の「幸福を感じること」を知ることができる。そうすれば「自分らしい生き方」がわかり、楽しい人生につながる。

あなたのライフライン・チャート

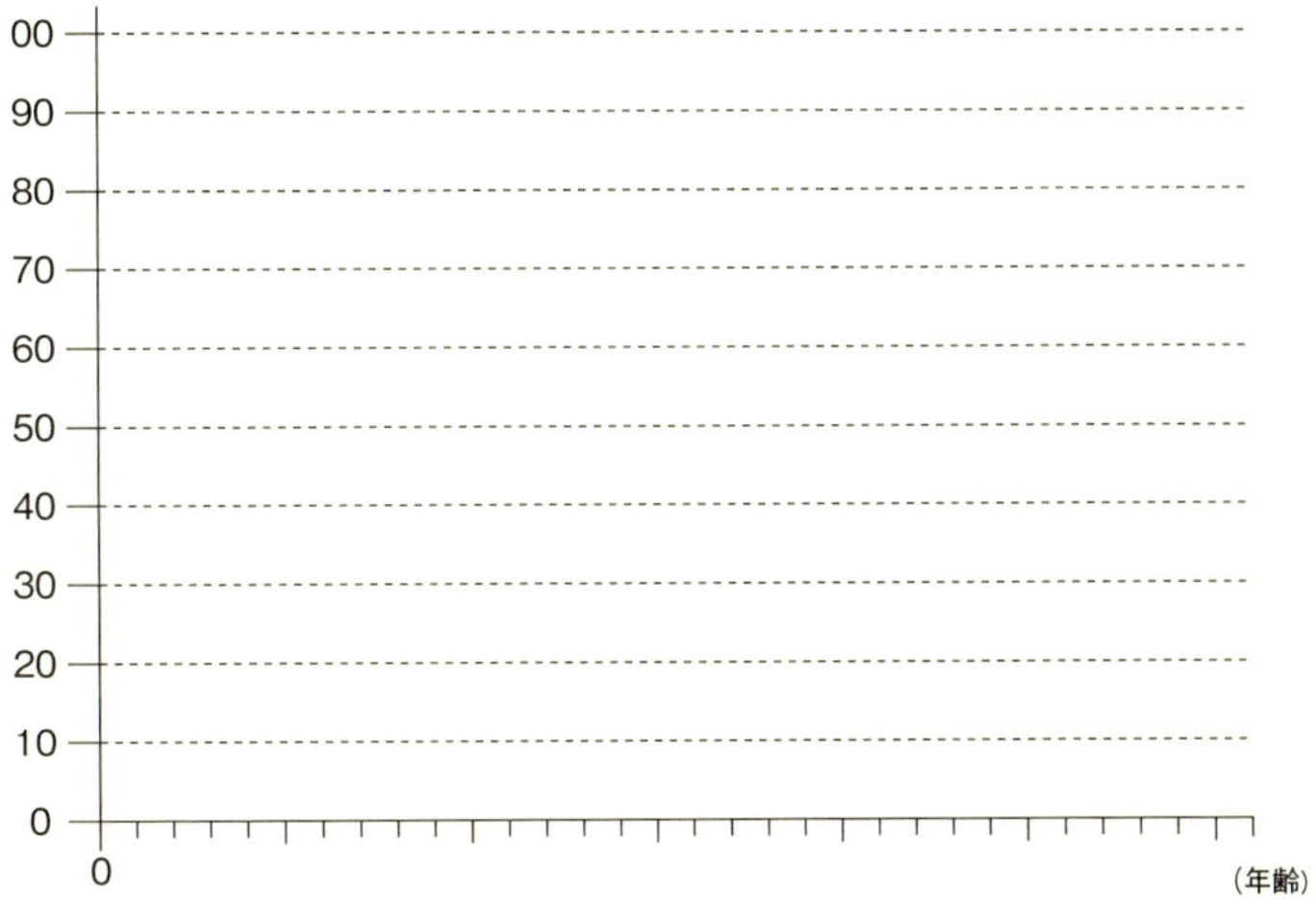

【それぞれの時期に起きたこと】

Step 12

【第2章　まずは「自分自身」を知ろう!】

欠点を長所にすれば劣等感はなくなる

どんなに優れている人でも、自己イメージが悪いと「自分はダメな人間だ」と感じて暗い気分になります。自分に対するイメージをポジティブに変えれば、自分のいまの生活や性格を受け入れられるようになります。

なにをやってもうまくいかない……。

とくに思い当たることがないのに、毎日、ゆううつな気分がする。

そんな生きづらさを覚えている人は、ひょっとすると自分自身に**ネガティブなイメージを持っている**のかもしれません。

自分に対してネガティブな「自己イメージ」を持ってしまうと、生活のあらゆる場面で悪循環にはまるおそれがあります。

たとえば、ここに**「私は職場のみんなに嫌われている」**という、負のイメージを持っている人がいたとします。

自分では周囲とうまくやっていきたいと思っているのに、それができているように感じない。そうなると、「これ以上、嫌われたくない」という気持ちが働き、本当なら行きたくない苦手な職場のイベントにも無理をして足を運んでしまいます。自分自身に対して負のイメージを持ってしまうと、それを補おうとするあまり、**無理をして心が疲弊してしまう**のです。

さて、あなたは自分自身に対していったいどんなイメージを持っているでしょうか。

今回はそれを知るために、**「TST」**という心理テストを行ってみようと思います。

「TST」とは、「Twenty Sentences Test」の頭文字をとった略語です。元の意味を強引に訳せば、「20項目テスト」とでもなるでしょうか。その名の通り、20個の解答欄を**「私は○○である」**という文章で埋めていく、非常にシンプルなテストです。

このテストは自分の性格的特徴を知ることができるため、カウンセリングの場ではもちろん、さきほど紹介した「ライフライン・チャート」と同様に、キャリア支援の場でも広く用いられています。あなたが普段抱えているストレスの原因である「劣等感」を見つけ出す助けになるでしょう。

次のページに解答欄を設けました。

それでは、さっそく「私は○○である」という文章を埋めてみてください。

「劣等感」がわかるTSTテスト

あなたは自分自身にどのようなイメージを持っているでしょうか。
「私は」ではじまる以下の解答欄を埋めてみてください。

① 私は　　　　　　　　　　　　　　である。
② 私は　　　　　　　　　　　　　　である。
③ 私は　　　　　　　　　　　　　　である。
④ 私は　　　　　　　　　　　　　　である。
⑤ 私は　　　　　　　　　　　　　　である。
⑥ 私は　　　　　　　　　　　　　　である。
⑦ 私は　　　　　　　　　　　　　　である。
⑧ 私は　　　　　　　　　　　　　　である。
⑨ 私は　　　　　　　　　　　　　　である。
⑩ 私は　　　　　　　　　　　　　　である。
⑪ 私は　　　　　　　　　　　　　　である。
⑫ 私は　　　　　　　　　　　　　　である。
⑬ 私は　　　　　　　　　　　　　　である。
⑭ 私は　　　　　　　　　　　　　　である。
⑮ 私は　　　　　　　　　　　　　　である。
⑯ 私は　　　　　　　　　　　　　　である。
⑰ 私は　　　　　　　　　　　　　　である。
⑱ 私は　　　　　　　　　　　　　　である。
⑲ 私は　　　　　　　　　　　　　　である。
⑳ 私は　　　　　　　　　　　　　　である。

いかがでしょうか？　単純ですが、意外と埋めるのが大変だったのではないかと思います。

さて、「ＴＳＴ」からどんなことがわかるのか。さっそく、解説に移りましょう。

①あまり埋められなかった人

20ある解答欄をほとんど埋められなかった人は、「自分とはどのような人間なのか」ということが十分に確立できていないか、あるいは**「自分の気持ちを表に出したくない！」**という防衛が強く働いている可能性があります。

②内容が表面的な人

解答欄を埋めてはいるものの、その内容が、「私は男である」、「私は東京都の生まれである」など表面的な内容が多かった人は、**自分の内面に目を向けることに何らかの抵抗がある**可能性があります。

③書かれた内容がネガティブな人

「私は根暗な人間である」などの否定的な内容が多かった人は、**自分自身にネガティブな印象を持ちやすい**傾向があります。当然ですが、逆に肯定的な内容が多い人ほど、自分自身にポジティブな感情を持っていることになります。

「ＴＳＴ」では、**解答欄の若い番号に書かれたものほど、自分自身に対するイメージとして強く持っている**傾向があります。

このＴＳＴを行うことは、あなたの「自己概念（第1章1節参照）」を客観的に知るために非常に役に立ちます。仕事などで忙しくしていると、自分の内面に目を向けることが難しくなってきます。そんな時には、前回作成した「ライフライン・チャート」と併せて、自分自身を客観的に見ていくことで、自分自身を見つめ直せば、

「周りの目にこだわりすぎていたんじゃないだろうか」

「今の悩みは、自分にとって悩むほど重要なことじゃないのではないか」

などと、自分の中の問題の答えに気がつくことができるのです。

最初のうちは、

「私は◯◯社の社員である」

「私の最近の仕事は◯◯である」

といった当り障りのないことばかり書いてしまうかもしれません。

しかし、解答を続けていくと、

「私は本当はいまの仕事に不満を抱えた状態である」

といった、内面に関する言葉や、

「私は思っていることを口に出せない人である」

「私は心から好きな人が一人いれば、幸せである」

「私は結婚したいけれど、いまの性格では無理である」

など、思いもよらない気持ちや欲求を書けるかもしれません。それらを見返せば、

「もう少し性格を積極的にすれば、いま抱えている問題やつらい気持ちも消えるかもしれない」

などといった解決への糸口が見えてくることでしょう。


余裕がある方は、親しい人に「あなた自身について」のＴＳＴを書いてもらいましょう。「自分では見えてなかった部分」や「自己イメージとは違う自分の姿」を見ることができ、参考になることでしょう。

■もっと「らく」に生きるには？

ＴＳＴを埋めていけば、自分が持つ劣等感や悩みを浮き彫りにできます。

また、人間は「劣等感」を持っていると非常に強いストレスを感じます。

そこで、この劣等感を少しでも減らすために、時間がある方は今回書いた「短所」を「長所」に書き換えてみてください。

「私は優柔不断である」

などの内容であれば、

「私は慎重に考えて物事を決定する人間である」

と書き換えるということです。

短所を長所に書き換えていけば、劣等感も徐々に和らいでいきます。そうすることで悪かった自己イメージは改善され、ストレスを減らすこともできます。

まとめ

自分が自分のことをどう考えているか知ることで、劣等感を理解することができる。

その内容を上手くとらえなおすことで、日ごろ感じる嫌な気分を減らすことに繋がる。

【第3章】

「認知」を変えれば世界が変わる！

これまでの章では、性格や考え方のクセを探ってきました。そうして見えてきた性格やクセを変え、「本来の自分」を取り戻す方法が「認知行動療法」です。心療内科やカウンセリングなどで用いられている認知行動療法ですが、その内容は決して難しいものではありません。「物事の見方」を変えるとどんなメリットがあるのか、さっそくページをめくってみましょう。

Step 13

【第3章　「認知」を変えれば世界が変わる！】

「認知行動療法」ってなに？

生きづらさの原因となる物事の見方やとらえ方。それらを変えることができるのが、認知行動療法と呼ばれる心理療法です。その内容とはいったいどういうものなのでしょうか。説明しましょう。

うつ病の治療は、現在大きく分けて3種類の方法を並行して行います。

まず一つ目は、休養したり、労働時間を減らすなどによって肉体的に休む「環境調整」。二つ目は「薬物療法」、そして三つ目が**「心理療法」**です。

この心理療法のなかで、いま最も多くの現場で用いられているのが「認知行動療法」です。

「認知行動療法」とは、ひとことで言うと、

「物事に対するとらえ方（認知）を変えることによって、行動を変えていくもの」です。

これは、うつ病の人だけでなく、気分が沈みがちだったり、物事に対して完ぺきを求めすぎて疲

れているような人に対しても用いられています。

たとえば、次のような場合を考えてみてください。

あなたが知り合いに「月収２００万円稼ぐためのネットビジネス講習会」に誘われたとします。タイトルからして胡散臭い講習会。その実態を調べると「マルチ商法だった」「ネズミ講のようだった」などの悪評がいくつも出てきました。それを見たあなたは行きたくないと思いました。

しかし、その時に次のようなことが頭に浮かんだらどうでしょうか。

「自分には友人はこの人しかいない……。この人に嫌われたらだれもいなくなる……。それに、このビジネスの誘いも悪意があるわけじゃないし……、行かなきゃいけないだろうな……」

こう考えてしまうと不安になり、嫌々ながらも講習会に参加することになってしまうでしょう。

では、このようなことが頭に浮かんだらどうでしょうか？

「自分には別に他にも友人がいる。この人に嫌われても一人ぼっちになるわけじゃない。そもそも、別にこの誘いを断っても絶交にはならないだろう」

こう考えることができれば、不安にもならずにはっきりと「悪いけど、別の人を誘ってくれるかな？」と言えるようになるはずです。

このように、物事の「とらえ方」を変えるのが「認知行動療法」です。

一般的に心に疲労を溜めやすい人は、なんでも物事を悪く決めつけてしまう傾向があります。

たとえば、ちょっとおなかが痛くなっただけで、

「自分は胃がんなんじゃないか……」

と気にしてしまったり（これを専門用語で「心気妄想」と言います）、
ちょっと注意されただけで、

「自分はこの仕事が向いていないんじゃないか……」

「この人に嫌われちゃったんじゃないか……」

と考えてしまうのです。

そのような方が認知行動療法を使うと次のようなメリットがあります。

・ネガティブ思考をポジティブ思考に変えられ、生きることが「らく」になる
・自分の言いたいことをはっきりと言えるようになる
・自分に対する悪いイメージを払しょくし、自信を持てるようになる

本書では、初学者の方でも手軽に行えるように、認知行動療法のテクニックをかなり噛み砕いて説明しています。それでは、さっそく実践に移りましょう。

Step 14

【第３章 「認知」を変えれば世界が変わる！】

困難な目標を立てると自己嫌悪に陥る

毎日の生活に疲れてしまう原因は、多くの場合「疲れてしまう原因を取り除こう」と思ってしまうことです。ですが、この考えこそが人生に疲れる原因になっていることがあります。

認知行動療法に限らず、カウンセリングでは大抵の場合、最初に「目標」を立てます。目標を設定することで、「どのようにしたら毎日をらくに暮らせるか」を考えるわけです。

「らくに生きることが目的なのに、わざわざ目標を立て、それに向けてがんばるなんて変じゃないか？」

目標を立てると聞いて、このように思う方がいるかもしれません。

しかし、カウンセリングで立てる「目標」は、通常の目標とは少し意味合いが違います。

通常の目標の場合には「到達すべきこと」を目標とします。

たとえば成績が伸び悩んでいる学生の場合には「今度の期末テストで80点以上を取ろう！」というものを目標にすることでしょう。

しかし、カウンセリングにおける目標の場合には、このような**「努力してもどうにもならないかもしれないことは設定しない」**のが普通です。多くの場合は「1日10分早く起きて、英単語を5つ覚える」など**「自分次第でできること」**をまずは目標とします。

なぜなら「人生に疲れてしまう人」は、よく「どうにもならないことを目標にして、どうにかしようと努力している」傾向があるからです。

「どうにもならないこと」とは、具体的に何を指しているのでしょうか。

次の例をみてください。

Aさんは、自分の部下との人間関係に悩んでいます。

その部下は仕事に対する熱意が低く、あなたが望むだけの仕事をしてくれません。営業職なのに、与えられたノルマを達成しようとせず、いつもヤキモキさせられます。

もう少し仕事に身を入れるよう、何度も注意しましたがまったくヤル気をみせません。

「この状況を打開しないとダメだ！」

と考えたAさんは、「部下を育てるスキルを磨こう！」と、書店で「部下の伸ばし方」について書かれたビジネス書を何冊も買って熟読しました。

しかし、本に書かれた内容を実践しても、部下のヤル気に火をつけることはできず、まるで効果がありませんでした。

そこで悩んだＡさん。

次に「他人を変えるなら、まず自分を変えなくては！」と、「部下に尊敬される上司になる方法」などが書かれた書籍を読み漁って実行してみました。

……ですが、これも結果は同じ。こちらがどんなに変わっても相手は変化せず、まったくうまくいきません。

追い詰められたＡさんは、最後には、

「もしかしたら自分に悪い霊が憑いているのでは？」

「職場を通る『気《オド》』が悪いんだ！　護符魔術を覚えて、机にお札を貼ってみよう！」

と、ついにはオカルトにまで手を出しました。もちろん、そんなことでうまくいくはずがありません。

ようやく冷静になったＡさんは、それまで持っていた考えをガラリと変えることにしました。

「どうやっても、この部下を変えることは不可能だ。それなら、**この部下の今の姿を受け入れていくことにしよう**」

そう思って、部下の**「良いところ」**を探すようにしました。すると、

- **仕事の熱意は低いけれど、遅刻や無断欠勤は絶対にしない。**
- **残業をやりたがらないが、上司に誘われたら割り勘でも飲みに参加してくれる。**
- **得意先にはそれなりに好かれており、接待でもがんばっている。**

といった特長が見えてきました。

また、それと同時に部下ができないことではなく、「できること」に目を向けていくようにしました。

すると次第に、

「まあ、コイツはそういうタイプなんだな……」

と徐々に部下のことを受け入れられるようになり、イライラさせられることも減ってきました。

この事例のAさんは、前半では目標設定を、

「部下がちゃんと仕事をするようにする」＝「問題の原因（この場合、部下のやる気の低さ）そのものを取り除こうと努力する」

に設定していましたが、努力したにも関わらず失敗してしまいました。

その一方で、後半になると、「問題の原因である部下とうまく付き合っていく」＝「部下に対する感情を整理し、とらえ直す」ことを目標としています。

たしかに、問題となっている部下との関係性が良くなればそれ以上のことはないと思います。しかし、**残念ながら、（仮に自分が変わったとしても）他人を変えることは難しい**ですし、「努力だけではどうにもならないこと」がたくさんあることは、読者のみなさんもよくご存じのことでしょう。

Ａさんは見方を変えたことで、毎日のストレスが大きく減りました。相手を変えることだけが、ストレスの原因を消す方法ではないのです。

「らく」に生きられない人は、無理な「目標」を最初に立ててしまいます。そして、それに向けて努力しますが、うまくいかず「自分はダメなんだ」と落ち込んでしまい、それを打破するためにまた目標を立てて……と悪循環に陥ってしまいます。

人に嫌われるのが怖くて毎日つらい生活をしているのであれば、「人に嫌われないようにする」ことを目標にしてしまい、上手くいかずに自己嫌悪に陥る人が多くいます。

たしかに心理学の世界には「アサーション」、「SST」など「嫌われないための技法」はいくらでもあります。しかし、これらをどんなに身につけてもおそらく**「嫌われるのが怖い」という恐怖は消えませんし**、なにより、どんな方法を使っても**嫌われるときは嫌われてしまいます。**

そこで最終目標を「人に嫌われないようにする」にするとしても、まずは、

「嫌われることに怯えないで、相手と話をする」

「怒られた時に、相手の意見を考慮した反論を行う」

など**「自分一人で努力すれば、確実に達成できる目標」を立てれば、毎日のストレスは自然と減らしていける**ようになるでしょう。

■もっと「らく」に生きるには？

ここまでの話で「毎日の生活でストレスを持つ人の考え方」がわかっていただけたかと思います。

そこで、もしも悩みがあって、その問題をどうにかしたいと思っている方は、まずは前述の通り**「自分一人で達成できる、具体的な目標」**を立ててみましょう。

もしあなたが姑との関係で悩んでいるのであれば、

「姑との関係性を良くする」

が目標となっていると思います。

しかし、どんなに努力をしても姑と仲良くなれる保証はありません。あなたがいくら関係を良くしたいと思っても、相手がそれを望んでいなければ仲良くなることはできないからです。

そんな時は、目標をこんな風に思い切って変えてみます。


「姑に小言をいわれても、気分を害さないようなメンタルを身につける」


この目標ならば、自分ひとりの努力次第で達成することができます。姑の言動にもいちいち心を砕く必要もなくなるので、ずっとストレスを軽減させることができるはずです。

ひとりでいることがつらいという場合なら、

「恋人を作る」

「友だちを10人増やす」

などの「ひとりの力ではできないかもしれないこと」ではなく、

「ひとりでも楽しく毎日を過ごせる方法を探す」

「初めて会った人にも積極的に声をかけるようにする」

といった形で目標を修正するとうまくいきます。その場合も**「自分次第で100パーセントできること」**にするよう心がけましょう。

余裕がある方はこのような目標の前に、**さらに簡単な「小目標」を立てる**と、より今後の目標達成の励みになるでしょう。

たとえば「初めて会った人にも積極的に声をかける」という目標を定めた場合には、「初対面の人の目を見て、会釈を行う」「初対面の人が多い場所に自分から足を運んでみる」などが「小目標」に当たります。「小さな目標」は本来の目標を達成する上で大きなモチベーションになります。ささいなことで結構ですので、ぜひ設定してみましょう。

まとめ

疲れる人ほど「がんばっても達成できないかもしれない目標」を立てていることが多い。
それよりも、「自分一人で達成可能な目標」を立てるようにすることが疲れない秘訣。

Step 15

【第３章「認知」を変えれば世界が変わる！】

嫌なことを「具体化」すると物事が正しく見える

感情のないロボットは、24時間労働をしてもストレスを感じることはありません。逆に言えば、ストレスは「起きた出来事」そのものではなく、それに対して何らかの「気持ち」を持つことによって生じるのです。

ある朝、職場に向かう電車が故障で止まったとしましょう。

乗ったのは始業時間にギリギリ間に合うタイミングの電車だったので、このままでは遅刻してしまいます。そんなとき、あなたはどう思いますか。

「どうしよう、会社に遅刻しちゃう……」

と思うでしょうか。それとも、

「ラッキー！　仕事をサボる口実ができた！」

と考えるでしょうか。

この例では同じ「電車の故障による遅刻」という出来事でも、「遅刻することへの焦り」と「遅刻できることの喜び」というとらえ方の違いでまったく異なる感情が出ています。どちらが心の負担になるかといえば、当然、前者のとらえ方でしょう。

この電車の例からわかるように、**つらい気持ちや抑うつ的な気分というものは、実は「起きた出来事」ではなく、起きた出来事に対する「ものの見方（認知）」によって生じています。**この認知を変えるのが「認知行動療法」です。

まずは「認知」に目を向ける前に、その対象になっている出来事を具体化していきます。

人間は感情的になると、物事を客観的に見られなくなることがあります。

普段から自己否定的に物事を考えていると、上司に優しい口調で諭されたとしても、「ひどい叱られ方をしてしまった」とととらえてしまうかもしれません。認知を変えるには、「具体的になにが起こったのか」まず出来事を客観的に整理しておく必要があるのです。

そこで、あなたが**過去1週間にあったことで、一番ストレスを感じたこと**を思い出してみてください。そして、具体的になにが起きたのかをできる限り詳細に書いてみてください。この時に重要なのは**「5W1H（いつ、どこで、だれと、だれが、どのような状況で）」**を詳しく書くことです。

具体例を挙げれば、次のような感じになります。

「3日前の午後3時。暑い日の昼下がり、上司から書き直すように命じられた企画書を提出した。徹夜で作ったが『新規性がない』ということで、別の人の企画が採用されてしまった」

「2日前の午前1時、ベッドに入り、眠りにつきかけていた時。友人から電話が鳴った。どうやら恋人に振られたとのこと。翌日は出張で朝早いことを伝えたが明け方まで愚痴につき合わされた」

それでは、さっそくやってみましょう。

■ 1週間以内にあった「一番ストレスを受けた出来事」を具体的に書いてください

さて書けましたでしょうか？

今回、ここでわざわざ書いてもらったのには、3つの理由があります。

一番目の理由は前述したように、**「物事を歪んでとらえていないか」**を知るためです。

たとえば「友人とケンカばかりしている」ことにストレスを感じている人がいたとします。とても大切な友だちなのですが、顔を合わせる度に険悪になっている気がして、最近では会うのが億劫になっていました。しかし、冷静に書き出してみると

「あれ？　よく整理してみたら、口ゲンカをしたのは1週間のうちでたったの5分だけだったのか。あとはずっと仲良く話していたんだな」

と気づくことができます。

物事を歪んでとらえていると、ささいなことを大袈裟に考えてしまい、ストレスを感じてしまうことがあります。紙に書き出すと、出来事を客観的に見直すことができ、正しくとらえなおすきっかけになります。

二番目の理由は、**心の疲労度を自分自身でモニタリングできるから**です。

たとえば、上司に毎日のように怒られている人がいたとします。

その上司にされたこと、言われたことを具体的に書き出してみると、「改めて見てみると、上司にはずいぶん厳しいことを言われていたんだな。そんなことばかり言われていたらつらいのは当たり前だ。よくがんばっているよ、われながら……」と**自分の心の疲労度を客観的に見られ、自覚することができる**ようになります。また、**つらい状況でもがんばれている自分**を確認することができるでしょう。

三番目の理由は、**ストレスが起きるパターンを見つけ出すことができる**からです。

ミスをしている自覚がないのに仕事でよく注意されているという場合、１週間のうちの注意された状況を書いてみると、共通する点があることに気づいたりします。

「あれ、上司から注意されているのは、いつも書類に関することだな。もう少し書類の書き方を工夫すれば、怒られないで済むかもしれない」

このように、ストレスが発生する（この場合は「上司から注意される状況」）のパターンを知ることができれば、**その原因を発生させないように行動を変化させることができます**（「出来事はできる限り詳細に書いて欲しい」と言ったのは、これが理由です）。

■もっと「らく」に生きるには？

まずは、「一番ストレスに感じたこと」を埋めてみてください。

これだけでもある程度ストレスの軽減や自分の考え方を知るのに役立つと思いますが、余裕がある方は、**今日から1週間ほど**毎日の生活の中で「ストレスを感じたこと」を次のページの表に書いてみてください。

どんな些細なことでも結構ですが、できるだけ正確に、そして客観的に書くのがポイントです。エピソードはいくつ書いてもいいですが、ストレスの発生するパターンを理解するために、できる限り1日1エピソードは書いていただきたいと思います。

次回からは、ここで行った技法をベースに、さらに踏み込んだ技法を学んでいきます。

まとめ

ストレスを受けた時の出来事を具体的、客観的に書くことで正しく物事をとらえられるようになる。

生きることがつらい人は、自分の周りに起きた出来事を正確に知ることがまず重要。

■ この１週間でストレスを受けた出来事を教えてください

1日目（　　　　年　　月　　日）

2日目（　　　　年　　月　　日）

3日目（　　　　年　　月　　日）

4日目（　　　　年　　月　　日）

5日目（　　　　年　　月　　日）

6日目（　　　　年　　月　　日）

7日目（　　　　年　　月　　日）

Step 16

【第3章「認知」を変えれば世界が変わる!】

感情に名前をつけて測れば冷静になれる

生きづらさを抱えていると、鬱々とした気持ちに襲われることがあります。そんな時は感情の「定量化」「外在化」を行い、その気持ちの正体をはっきりさせれば不安の解消につながります。

暗い田舎道を歩いているとき、突然、後ろから自分をつけてくるような足音が聞こえてきました。

周囲に民家はありません。自分が歩き出すと足音も付いてきますが、止まれば足音も止まります。

こういう状況に置かれると、だれもが強い不安を感じると思います。

そもそも、人間は**「正体が分からないもの」に対して不安を抱きます**。正体がわからなければ、**どう対処していいのか、その方法もわからない**からです。

しかし、足音の正体が

「餌が欲しくて後をつけているタヌキ」

であることがわかれば、どうでしょうか。

足音が後ろから聞こえるという状況は変わらなくても、不安感は一気に下がります。餌で釣って追い払うなど、対処法もわかるはずです。

人間の感情や気持ちも同じです。

自分の持つ感情や気持ちの正体がわからないと、

「どうしてこんなにモヤモヤするんだろう……」

と気分が沈んでしまいます。

とくに自己主張が苦手で、第2章で見た「自責的な反応」が多いような人の場合は、本当は不満に思うことがたくさんあっても、自分を押し殺しているうちに、

「いまの状況が嫌かって？　うーん、どうかな……わからない」

とつらいのか、つらくないのかすらわからなくなってしまいます。感情や気持ちを知ることは、ストレスを解消するためには重要なことなのです。


では、どうすれば自分の感情や気持ちの正体を知ることができるのでしょうか。

その方法として認知行動療法でよく行われているのが、**「感情の定量化と外在化」**です。

感情の定量化とは、簡単に言うと、負の感情を抱えた時に、それに名前をつけて強さを100

パーセントを上限に数値化して表現することです。「外在化」とは、悩みや不安を抱えたままにするのではなく、感情を紙などに書き出し、客観的に見る行為を言います。

感情につける名前は、「怒り」や「不安」、「苛立ち」、「嫉妬」、「悲しみ」といった一般的なものがわかりやすくていいと思います。感情の強さを数値化する時の目安は「他になにも考えられないほど、その感情にとらわれている」ならば100パーセント、逆に「その感情がまったく頭に浮かばない」ならば0パーセントになります。

それでは、前回の項目で挙げた「ストレスを受けた嫌な出来事」を例に、実際に感情の定量化をやってみましょう。


「3日前の午後3時。暑い日の昼下がり、上司から書き直すように命じられた企画書を提出した。徹夜で作ったが『新規性がない』ということで、別の人の企画が採用されてしまった」


この時に感じた感情はおもに2つあると思われます。「徹夜で作った企画書をボツにされた」ことに対する「怒り」。そしてもうひとつは「別の人の企画が採用された」ことに対する「不安」です。

感情に名前をつけたら次はその強さを数値化してみます。企画書をあっさりボツにされたことに対して、一瞬、我を忘れるほど腹が立ちました。その後、他人の企画が採用されたことで「もう重要な案件は任されないかもしれない」という強い不安が襲ってきたとしましょう。

そうすると、それぞれの感情の強さは、

怒り…90パーセント
不安…70パーセント

といった感じになるでしょうか。

感情を数値化できたら、先ほどの例に書き加えて「外在化」してみましょう。

「3日前の午後3時。暑い日の昼下がり、上司から書き直すように命じられた企画書を提出した。徹夜で作ったが『新規性がない』ということで、別の人の企画が採用されてしまった。怒りが90パーセント、不安が70パーセント」

こうして感情の定量化と外在化を行った結果、例の出来事に対するストレスの原因は、「90パーセントの怒り」と「70パーセントの不安」だったことがわかりました。

ここまで読んで、

「なぜ感情にパーセンテージをつけなくちゃいけないの？」

と思った方がいるかもしれません。

感情を「定量化」するのは、ストレスに対処する上で重要な作業です。人は正体のわからないものに強い不安を抱きます。それは感情についても同じであることは、本項目の冒頭で述べました。

ただし、感情は受け手や出来事によってその強さの度合いが異なります。

「長年交際していた恋人にフラれた」

「楽しみにしていた連続ドラマが最終回を迎えた」

この2つの出来事から受ける感情は同じ「悲しみ」かもしれませんが、**その重さの度合いはまったく違ったものになるはず**です。また同じ出来事であっても、**受け手によって感情の強さは異なったものになる**ことも充分にあります（もともとネガティブな人はちょっとしたことでも「悲しみ」の点数が高くなる傾向があるはずです）。

感情の強さを数値化し、それを書き出せば、自分が感じたつらい気持ちを客観的に理解でき、ストレスやモヤモヤの原因がわかるようになります。そうすれば、対処法も自ずと見えてくるのです。

■もっと「らく」に生きるには？

「認知行動療法」では、このような感情の定量化・外在化を繰り返して行います。

そこで**前項で書いた「嫌な出来事リスト」（113ページ）**を開いてみましょう。

そして書かれている出来事をもとに、

「この時、どんな感情が湧いていたのだろうか？」

「その感情はどの程度強かったのだろう？」

と考えてみてください。

この作業を繰り返していくと、自分の感情の正体を理解でき、

「どんな出来事によって、どんな感情が引き起こされ、なぜ嫌な気分になったのか」

がわかってきます。

自分の感情を客観的に振り返るだけでも、嫌な気持ちをある程度落ち着けることができ、「こういうストレスを受けると、こんな感情を持ちやすい」といった自分の考え方のクセも見えてきます。

次の節では、そうした「ネガティブな気持ち」が起こる原因について考えていきましょう。

まとめ

気分や感情は正体が分かれば冷静になれるし対処法もわかる。

まずは、自分が本当はどんな気持ちを持っていたのか考えてみることが重要。

Step 17

【第3章　「認知」を変えれば世界が変わる！】

「予言者」を気取ると毎日がつらくなる

毎日を暗い気持ちで過ごしていると、つい「○○が起きるかもしれない……」と悪いことばかり考えてしまいます。「らく」な生き方に「予言者」的な思考は大敵です。その理由を見てみましょう。

「杞憂《きゆう》」ということわざをご存知でしょうか？

この言葉はもともと、杞という国の人が、

「天が落ちてくるんじゃないか……大地が崩れてしまうのではないか……」

と不安になり、夜も眠れなくなるほど悩んだという故事から**「無用な心配をすること」**という意味になりました。

杞の国の人は極端なケースですが、多かれ少なかれ、人間はだれしも物事に対して偏った考えを持っています。その偏りが過ぎると、それが原因となってストレスや不安といった「負の感情」を抱くようになることはすでに第2章で説明しました。

ネガティブに陥りやすい考え方には、いくつかパターンがあります。代表的なものを紹介しましょう。

●予言者的な思考

根拠もないのに**「これから悪いことが起きるんじゃないか」**と考えてしまう思考です。

なにかで困っていて、同僚から「手助けしようか？」と声をかけられた時、

「どうせ自分のことを騙そうとしているに違いない」

「助けを求めたら、きっと上司の評価も下がるんだろうな」

と先回りしてしまう考え方などが代表的な例です。

もちろん先ほどの「杞憂」もこちらにカテゴライズされます。

●黒いサングラス的な思考

いいことに目を向けず、**悪いところばかり見てしまう**考え方です。

上司に5回ほめられて3回叱られたとしたら、

「今日は上司に怒られてばっかりだったな……」

ほめられたことを忘れて、悪いことばかり考えてしまうようなことを言います。

●双眼鏡的な思考

自分の失敗を過大評価したり、逆に成功を過小評価したりする考え方です。

苦手科目である社会で80点を取ったにも関わらず、

「今回はたまたま運がよかっただけだ。本当は自分はこんなに頭がよくない」

と思い込んでしまうような考え方がこれにあたります。

●エスパー的な思考

読めもしないのに、相手の気持ちを読んでしまう考え方です。

たとえば、パーティーなどで初対面の相手に出会った時に、

「あの人、きっと自分のこと変な奴だと思っているんだろうな……」

と勝手に思い込んでしまい、あいさつができなくなってしまいます。

●軍事参謀的な思考

まるで軍略家のように、**ひとつのことを思いついたら次から次に悪い連想が止まらなくなってし**

まう考え方です。

書類を１ヶ所書き間違えたことに気づいた瞬間、

「あ、まずい！　もしかしたら今までやったものも全部間違えているかも……、下手したら昨日の重要書類も？　ああ、どうしよう、どうしたらいいんだ……」

と悩んでしまうような考え方です。

●独裁者的な思考

独善的な思考という意味ではありません。

過去の歴史を紐解くと、

「自分が悪人だと思うやつは、悪人に決まっている。だからこいつを殺せ」

と、部下を粛清していった独裁者は大勢います。

このように、**自分の感情を事実と思い込んでしまうような考え方**を指します。

「私は自分のことがとても卑しい、罪深い人間だと思っている」

という感情を事実と混同してしまい、

「私はどうしようもない悪人だ」

と結論づけてしまうことを言います。

●頑固おやじ的な思考

物事に対して**頭ごなしに「～すべきだ」と考えてしまう**思考法です。

「男なんだから、つらいことでも我慢するべきだ」

「子どもなんだから、親の言うことに服従するべきだ」

「姑のいうことに対しては反論せず、素直に従うべきだ」

といった思考などが挙げられます。

●幼稚園児的な思考

これも、幼稚な考え方を持つという意味ではありません。

子どもは、テレビアニメのキャラに対しても、

「今日のカブト◯ーグは、ぼくが応援したから勝ったんだ！」

というように、自分と関連付けて物事を考えることがあります。このように、**実際には関係ないことでも自分と関係することのように考えてしまうこと**です。

たとえば、自分の恋人が浮気をしたことに対して、

「あの人の浮気は自分にスキがあったせいだ」

いじめに遭った際などでも、

「自分が暗い性格だから悪かったんだ」

と決めつけてしまうようなことを言います。

●ドラマの展開的な思考

ドラマなどでは線の細い美青年が「変な咳《せき》と喀血《かっけつ》」をするようになったら、

「あ、この人もうすぐ病死するな」

とわかりますよね？

このような展開を自分に当てはめて、**ちょっとした痛みや心配事に、テレビドラマのような最悪の展開を想像してしまう考え方**です。

たとえばちょっと胃が痛くなっただけで、

「これは恐ろしい病気の前触れかもしれない……ひょっとして、胃がん？」

と思い悩んでしまうことなどを指します。


いかがでしょうか？

実は、これらの考え方の偏りは第１章で見てた「幼少期の体験」などが原因になって引き起こされることがあります。

生きづらいと感じている方の多くは、こうした偏った考え方を強く持っています。ネガティブな気分になった時、偏った考え方に陥っていないか、と冷静に振り返ってみてください。

「自分には予言者的な思考があるんだな」

「いま、黒いサングラス的な思考で見ていた」

などと、きっと自分の中にある偏った考え方に気がつくはずです。

■もっと「らく」に生きるには?

考え方のクセを知る効果的な方法は、やはり「外在化」です。

自分が普段、どのような考え方をしているのかを紙に書き出してみましょう。使用するのは、前の項目で用いた「一週間にあった嫌な出来事」に、定量化した感情を書き加えたものです。

それを改めて見て、

「その出来事を受け、嫌な感情が生じたとき、どんな考えが浮かんだか」

を書き出してみてください（「感情」は一番強いものひとつに限定して行うと簡単です）。

たとえば、前回も例に出した、

「3日前の午後15時。暑い日の昼下がり、上司から書き直すように命じられた企画書を提出した。徹夜で作ったが『新規性がない』ということで、別の人の企画が採用された。怒りが90パーセント、不安が70パーセント」


という出来事であれば「怒り」に着目してみます。

その時の怒りの感情を振り返ってみると、

「上司のせいで、来期のボーナスの査定が下がる」

「上司は自分のことを嫌っているに違いない」

という考えが同時に浮かんでいたことに気づくかもしれません（「予言者的な思考」と「エスパー的な思考」ですね）。

こうした感情と同時に無意識に浮かぶ考えを、認知行動療法では**「自動思考」**と呼んでいます。不安やストレス、抑うつの原因は、実はこの「自動思考」にあります。ネガティブな「自動思考」があるため、人は嫌な気分になるのです。

嫌な気分を解消するには、その原因となっている「自動思考」を知る必要があります。考え方の偏りを繰り返し「外在化」し、自分の考え方のクセを知ることができれば暗い気持ちに

なったときでも、

「いけない、いけない。いまのは自分の悪いクセの『双眼鏡的な思考』が出ていた」

と気づき、それ以上、ネガティブな気分になることを防げます。

次の節では考え方の偏りを直していく方法（「認知の再構成」と言います）を実践しましょう。

まとめ

ネガティブになる人には「独特のものの考え方」がある。

自分がどんなクセを持っているのかを理解すれば、悩みから抜け出す手がかりになる。

Step 18

【第３章　「認知」を変えれば世界が変わる！】

物事の見方を変えれば世界も変わって見える

前節で無意識に生じる「自動思考」がネガティブな感情の原因となっていることがわかりました。つまり、その「自動思考」を変えれば、嫌な気分を解消できるということになります。ここではその方法を見てみましょう。

前の項目では、人は物事に対して必ず「自動思考」が浮かび、それが負の感情を引き起こすことがあることを説明しました。それは逆に言えば「自動思考を変える」ようにしていけば、嫌な気分もなくなるということです。

そこで今回もひとつ例を出します。

あなたがまだ独身にも関わらず、知り合いから「子どもが生まれました」というハガキをもらったとします。そのハガキを見て、あなたは無性に腹が立ってきました（「怒り」の感情ですね）。

そこで、その理由を考えたら、

「あてつけのつもりで送ってきたに違いない」

という「自動思考（『エスパー的な思考』ですね）」が生じていたことに気がつきました（先ほども説明したように**通常このような「自動思考」は半ば無意識に湧き上がってくるものなので、このような考えに気づかなければ、わけもわからずイライラしてしまう毎日を送ってしまいます**）。

そんな時、「あてつけに違いない」という自動思考に対応して、

「かわいい子どもだから、自慢したくなったんだろう」

「悪意があってやったわけじゃない」

という自動思考を見つけ出してぶつけてみたら、どうなるでしょうか？

「怒り」は減少して、代わりに「親近感」のような新しい感情が湧き上がってくることでしょう。

こうやって少しずつ意図的に自動思考を変えていけば、次第にイライラも減っていき、周りに穏やかな気持ちを持って接することができるようになります。これが「認知の変容」です。

普段あなたが持っている嫌な気分なども、「認知の変容」を行えば自然に減少していきます。

……と言っても、どうやったらいいのかわからないという方も多いことでしょう。

そこで、次のページに「自動思考を変えるための質問表」を載せてみました。

もしあなたが日常の生活の中で、なにか嫌な気分を感じたら**「自分の嫌な気分の原因には、どん**

な考えがあるのかな」と振り返ってみてください。

そのあとで、次に載せる質問の中から一つ選んで、回答してみてください。

［質問1］そのように考える事実の根拠はどのようなもの？
［質問2］その考えを持つメリットはなに？
［質問3］以前似たような体験をした時にはどう対応した？
［質問4］最悪どんなことになると思う？
［質問5］他の人だったらどんなふうに対処できる？
［質問6］もしこれが友人や家族ならどんなふうに言いたい？
［質問7］自分にできそうなことはなに？

では、実際にやってみましょう。

あなたは次の休みに、ずっと観たかった映画に行こうと思っていました。しかし、客先の要望で突然、休日出勤せざるを得なくなったとします。

そうなると、当然「怒り」などの感情が湧き上がってくることでしょう。

そういう時には、

「もし、これが自分の友人の立場だったら、自分はどう声をかけるかな？」などとと考えてみてください（ここでは**「質問6」**を採用しました）。

そうすれば、

「『お客さんも休日に頑張っているんだから、仕方がないよ』って声をかけるかな」

「『今日出勤した分、平日に代休をもらいなよ。空《す》いている日に映画を見られるよ』って言うかも」

などと新しい思考が生まれ、「怒り」の感情は自然と軽減していくはずです。

先ほどのハガキの例も同様です。**「質問1」**を採用して検討すれば、

「あてつけだと思ったけれど、よく考えてみたらそんな根拠はないな。宛先もパソコンでまとめて作ったみたいだし、とくに他意はないんだろう」

と、負の自動思考を変化させることができます。

ネガティブな気分になっていると感じたら、131ページの「質問表」を使って、ストレスの原因となる自動思考を探り、変えるよう試みてください。

■もっと「らく」に生きるには？

嫌な気分になっていると感じたら、**普段の自分が行っている「自動思考」とは別の、新しい「自動思考」を見つける**ようにしてください。

先ほどのハガキの例では、「あてつけのつもりで送ってきたに違いない」という自動思考にぶつけた「かわいい子どもだから、自慢したくなったのだろう」という考えが新しい「自動思考」です。

その時、気分が軽くなったと感じたら、感情の「定量化」を行って評価してみましょう。

たとえば、「子どもが生まれた」というハガキを受け取った時、「90パーセントの怒りの感情」が生じたとします。それが新しい別の自動思考をぶつけたことで、「怒りの感情」が50パーセント減り、代わりに「40パーセントの親近感」が湧いてきたとしましょう。

こうしたポジティブな変化が見られれば、**その「認知の変容」は効果的**だったと言えます。

「認知の変容」を行えば、「偏った考え方」は少しずつ改善されていきます。そうすれば、気分も次第に「らく」になっていくことでしょう。

これまでの内容をまとめた「認知行動療法シート」を次のページ（１３４ページ）に載せました。ストレスに感じるようなことが起きた時はコピーして、ぜひ活用してください。

まとめ

不適応な自動思考には「もしこれが他人だったら……」などと考えて新しい自動思考をぶつけてみる。それだけで日ごろ感じていた嫌な気分は軽くなっていく。

■ 認知行動療法シート

①あなたがストレスを感じた場面を「5W1H」をもとに具体的に書いてください。

②その時に覚えた感情と、その強さ（%）を書いてください。

③さきほどの感情から一つ選び、どのような考えが浮かんだかを書いてください。

④131ページの質問に答え、別の考えが浮かんだら書いてください。

⑤別の考えを持ったことで感情は変化しましたか？　パーセントで書いてください。

Step 19

【第３章「認知」を変えれば世界が変わる！】

効果測定を行えば心の成長がわかる

ダイエットを行うときも、こまめに体重を測らなければ励みになりません。「認知行動療法」も同じです。一定の期間ごとに効果測定を行い、心の成長具合を評価してみましょう。

前回までの項目で認知行動療法の説明は終わりです。

ポイントは、大きくわけて２つありました。

まずひとつは、感情の「定量化」と「外在化」を行い、無意識のうちにやっている「負の自動思考」に気づくこと。

そして、もうひとつがその「負の自動思考」に、新しい「前向きな自動思考」をぶつけ、「認知の変容」を行うことでした。

認知行動療法は、繰り返し行っていけば高い効果が期待できます。

しかし、正直なところを言えば、**そうした作業を続けていくのは面倒臭い**ものです。本書で紹介したテクニックが本当に「らく」にするための力になっているのか、目に見えて実感できなければなかなか続けていく気にはなれないと思います。

そんな時にぜひやっていただきたいのが、「効果測定」です。

本書で紹介した認知行動療法の効果は、次の4つのステップで測ることができます。

①あなたが持っている「目標」に向かってどの程度近づいているのか？

②CES‐Dの成績は、前に比べたらどの程度変わったか？

③エゴグラムになんらかの変化は表れたか？

④「考え方」を変えることによって、いままでとは違う対処を行うようになったか？

いずれもこれまで本書で説明してきたものばかりです。

認知行動療法を続けて、自分が変わったと感じたら、本書に記録した「過去の自分」と比べてみましょう。なかでも「CES‐D」や「エゴグラム」は数値やグラフで客観的に自分の状態を見ることができるので、オススメです。自分が進歩していることを実感できれば、認知行動療法を続けていくモチベーションになることでしょう。

ただし、効果測定をするにあたって、ひとつだけ注意点があります。

それは**「できていないこと」ではなく、「できていること」に目を向ける**ということです。

生きづらいと感じている場合、効果測定においても「考え方の悪いクセ」が出てしまうことがよくあります。とくに「黒いサングラス的な思考」が現れて、

「まだエゴグラムのＦＣが低いままだ。それに目標の『上司に文句を言われても耐えられるメンタルを身につける』もぜんぜんうまくいっていない……」

と考えてしまう人が多くいます。

そうではなく、

「上司に怒られた後に感じる『不安』の点数は、以前は90点だったけど今は80点くらいになったかな。それに、ＣＥＳ‐Ｄの点数も3点下がっている。うん、よくがんばっているな。我ながらすごいぞ！」

と考えれば、モチベーションも下げることなく続けていけるはずです（定量的な点数をつけるメリットには、このような『小さな変化』に気づくことができるという点もあります）。

余談ですが、このように**「できているところ」に目を向けるのは認知行動療法以外のケースでも**

同様です。

仕事などでも少しでもできるようになったこと（たとえばタイピングが早くなった、資料作りが上手くなったなど）に目を向けていくことが、心の疲労を減少させるポイントです。

人はそう簡単に変わりません。抑うつ的な気分やイライラがカレンダーをめくるように、1日で治るようなことは、断言してもいいですが、まずありません（そのようなことを標榜するセミナーは要注意です）。

しかし、**「変わりたい」という気持ちを持っていれば、必ず変化していく**ものです。

焦らず、少しずつ前に進んでいけばいいのです。

進歩していることを実感するのは、認知行動療法を続けていくうえで、一番の励みになります。

自分がどれだけ進歩したのか、定期的に測ってみましょう。

まとめ

少しずつでも人間は変化している。
効果を測定して、できなかったことよりもできたことに目を向けてみよう。

【第4章】

「自己催眠」で体の疲れをとろう！

本章では自己催眠を使って「体の疲れ」をとる方法を解説します。

ここで実践するのは、「自律訓練法」というテクニック。

心理療法をはじめ、様々な場面で使用されている医療催眠です。

自律訓練法には体の疲れをとるだけでなく、物事に対する不安を軽減させたり、集中力を増したり、不眠症を解消できるなどのメリットがあります。

Step 20

【第４章「自己催眠」で体の疲れをとろう！】

「自律訓練法」ってなに？

自律訓練法とは「自分にリラックスする暗示をかけて、体の緊張を解く技法」。言うなれば催眠術の一種です。「催眠」というと怪しく思うかもしれませんが、これはれっきとした心理療法です。その内容を説明しましょう。


本章では、これから「自律訓練法」を説明してきます。

自律訓練法というのは、身体をリラックスさせるために行う、一種の自己催眠です。

……ところで、みなさんは「催眠」と聞いてどのようなものをイメージするでしょうか。

・指パッチンで相手に幻覚を見せる
・他人を意のままに操り、犯罪を行わせる
・体を石のように固くさせ、人間橋を作る

・「自分は鳥だ」と思わせて、手をバタバタとはばたかせる

といったイメージを持っている方も少なくないでしょう。

はっきり言って、催眠術ほど世間から誤解されている学問はありません。

よくあるイメージとして挙げた例のうち、最初の２つは催眠術ではなく、もはや「魔法」です。催眠術の中には一応「瞬間催眠」というものもありますが、本物の魔法使いでもない限り、他人に幻覚を見せたり、相手を意のままに操ったりするのはまず不可能です。

あとの２つは「舞台催眠（ショー催眠）」と呼ばれる見世物の一種です。テレビのバラエティー番組や手品ショーなどでよく行われているので、ご覧になった方も多いことでしょう。ショー催眠は広い意味で催眠術の仲間ですが、これから紹介する「自己催眠」とは種類が違います。ここで行う「自律訓練法」は、人間が普段使っていない機能や記憶に訴えかけることで心身の問題を解決しようとする、れっきとした**「医療催眠」**です。

医療催眠には様々な技法がありますが、本書で紹介する「自律訓練法」は具体的に言うと、

「本来、自分でコントロールできない神経（自律神経）を催眠によってコントロールし、気持ちを落ち着ける」

という技法です。

この説明だけではわかりづらいと思うので、不眠と自律神経の関係を例に考えてみましょう。

たとえば、森の奥地で野宿をすることになったとします。

そこは人里離れたジャングルで、コヨーテの鳴き声やハゲワシの羽音が聞こえてくるような場所です。普通ならドキドキとして落ち着かず、とても眠るどころではないはずです。

どうしてジャングルでは眠ることができないのでしょうか。

その理由は、**脳が体に対して「警戒態勢」をとるように命令しているから**です。

ジャングルではいつ、どんな危険が身に迫ってくるかわかりません。「警戒態勢」をとっていれば、万が一、猛獣が襲ってきてもすぐに飛び起きて逃げることができます。「警戒態勢」はどんな状況になっても生き延びることができるように生み出した能力なのです。

では、これがジャングルではなく、安全な場所であるはずの「自宅のベッドの上」で起きたらどうでしょう。

本来はリラックスして身体を休める場所なのに、脳が「警戒態勢」の指令を出し続けてしまうと、ジャングル同様、緊張して熟睡できなくなってしまいます。そう、この状態が不眠症です。不眠症は脳が「警戒態勢」の指令を出してしまうことが、大きな原因なのです。

日常生活で不安を抱えやすいという場合も同様です。

「仕事で小さな失敗をしてしまった」

「今度の営業会議で怒られるかもしれない」

といったことで、脳が「いまは危険な状況にある」と過剰に反応し、日常的に「警戒態勢」の指令を出してしまいます。そうなると**常にギリギリの状況下で毎日の生活を送る**ことになるため、**心も身体も大きな疲労を抱える**ことになってしまいます。

「警戒態勢」が必要以上に続くことのデメリットはほかにもあります。

この状態では身体が強く緊張してしまうため、必然的に筋肉が硬くなり、血管が収縮します。不眠や気分の落ち込みだけでなく、肩こりや頭痛といった身体の不調も引き起こします。


しかし、厄介なことに**脳からの「指令」は、自分の意思では簡単に解くことができません**。

これは緊張した時のことを思い浮かべてみると、よくわかると思います。

頭で「落ち着け、落ち着け」といくら念じても、緊張を鎮めることはなかなかうまくいかないでしょう。心臓などの動きを司る**自律神経は意思に関わらず働くもの**だからです。

本章で紹介する「自律訓練法」は、特別な技法を用いることによって「自律神経」を落ち着け、いつでも脳の「警戒態勢」の指令を「安全な状態」に変える方法です。

この「自律神経」を自力でコントロールできるようになれば、

・眠りが深くなり快眠できる
・会議などで緊張しても、すぐにそれを解いて実力を発揮できるようになる
・疲労を回復することができる
・気持ちの高ぶりを抑えられるため、心が穏やかになる
・集中力が増すため、仕事や勉強の能率が上がる
・自分の「心の声」に耳を澄ませることで、内省する力が身につく
・神経の高ぶりによって起きる痛み（特に偏頭痛や生理痛など）が和らぐ

などのメリットがあります。

「自己催眠」というと難しく感じるかもしれませんが、本書で紹介するテクニックは極めてシンプルなものです。次のページから、具体的な方法について解説をしていきます。

まとめ

自己催眠の一つに「自律訓練法」がある。
これを使って体の自律神経をコントロールすることで不眠や緊張を解くことができる。

Step 21

【第４章「自己催眠」で体の疲れをとろう！】

初級編「何もしない」で目を閉じるだけでスッキリ

現代人はいつもせわしなく動いています。そのため、一生懸命な人ほど常に気を張りつめてしまうことに……。まずは自律訓練法の基本的な動作と「なにもしない」ことを学びましょう。

この世界には、さまざまな「刺激」が溢れています。

テレビやパソコンは絶えず膨大な量の情報を発信していますし、街に出ると看板やネオンサインなどの刺激の渦……そうした中で生活をしていると、**常に注意が外に向いてしまいます。**

休日にはゆっくりと落ち着いた時間を持つようにしているという場合も、パソコンやテレビを見ていると、落ち着いて「自分の体に意識を向ける」という機会をなかなか持つことができません。

そこで、まずは自分の体に目を向けることからはじめてみましょう。

自律訓練法を行う際の姿勢にはいくつか種類がありますが、ここでは一番汎用性の高い「単純椅子姿勢」を紹介します。

①まず、足が地面に着く高さの椅子を用意して腰かけてください。この時、背もたれがある椅子の場合でも背もたれには寄りかからないでください。

②深呼吸をして自然に背中が丸まるような形にしてください（背筋をぴんと伸ばしている方が楽なのであれば、それでも問題ありません）。

③メガネやベルト、腕時計などの装飾品はなるべく外してください。

これで準備は万端です。この姿勢の注意点は、

・両足をくっつけず、肩幅程度に開く
・両腕は手のひらを下に向けて太ももの上に置く

ということです。

次に環境ですが、**できる限り静かで落ち着いた場所を見つけてください。**自宅で行うほかにも、

自律訓練法の基本姿勢
「単純椅子姿勢」

メガネやベルト、時計、アクセサリーなどの装飾品は外す。
両腕は手のひらを下にして、太ももの上に置く。
椅子の背もたれには寄りかからない。
両足はくっつけず、肩幅程度に開く。
椅子は足が地面にちょうどつく高さのものを選ぶ。

昼休みの会議室や資料室など、落ち着ける場所はいくつかあると思います。ＢＧＭは流してもいいですが、できればクラシックのように、歌詞がなく、ゆったりとしたテンポの曲を選ぶとよいでしょう。

さてセッティングが終わったら、**まずはそっと目を閉じて「何もしないで」60秒数えてください**（秒数を測ることが目的ではないので、頭の中で適当に数えても大丈夫です）。

そして、60を数えたら大きく背伸びをしてからゆっくりと目を開けてください。

いかがでしょうか。

眠るわけでもないのに目をつぶり続けることに慣れなくて、

「目を閉じているだけなんて、イライラする！」

「色んなことが頭に浮かんで、不安になった……」

などという方がいるかもしれません。リラックスできないのはなにか不安を抱えていたり、脳から警戒態勢のサインが出ていることの裏返しです。

リラックスできなかったとしても、焦る必要はありません。もう一度、心を落ち着けて「単純椅子姿勢」をとってみてください。何度か続けるうちに、きっと**気分が穏やかになっていくはず**です。

■もっと「らく」に生きるには?

最初は60秒のセットを行うだけでもイライラしたり、緊張するかもしれません。ですが、できればこれを1日3セット、朝・昼・夜に行うようにしてください。「習慣化」させることで毎日無理なく続けられるようになります。そして、**慣れてきたら時間を90秒に伸ばしてください**。その秒数でやっても気持ちがたかぶらなければ、問題ありません。

まとめ

現代人は常に刺激が溢れる中で生活をしている。
刺激をシャットアウトして、なにもしないことで気持ちを落ち着けることができる。

Step 22

【第４章　「自己催眠」で体の疲れをとろう！】

初級編　手足の緊張を解けば不眠が解消できる

今回は「重感練習」「温感練習」を行います。これらを行うことで、手足の血流は改善し、筋肉の緊張を解すことができます。不眠症や冷えの解消にも効果がある優れものです。

もしかしたらみなさんの中には、

「どんなにマッサージを受けてもすぐに体が固くなってしまう」

という方がいるかもしれません。

これは前の節で述べたように、脳が「周囲を警戒しなければ」と指令を与えているからです。マッサージによる「外からの刺激」で筋肉をもみほぐしても、身体が緊張しやすくなっているため、またすぐ凝り固まってしまうのです。

そこで、まずは脳の警戒状態を解き、**筋肉をほぐして精神をリラックス**させていきましょう。ここで説明する方法は**不眠の解消にも効果があります**。また、手足の血流を改善させることもできるので、**冷えの改善にもつながります**。

さて、「自律訓練法」で最初に行うのは**「重感練習」**です。これは簡単に言うと**「手足の力を抜き、余計な緊張が解けた状態」**を作るために行う技法です。その方法は次の通りです。

①まずは前節で解説した「単純椅子姿勢」で座りましょう。
②心の中でゆっくりと「気持ちが落ち着いている……気持ちが落ち着いている……」と繰り返してください（無理に「落ち着けなきゃ！」と思わずに「自分が一番安心できる場所やリラックスできる場所」を想像して行ってください）。
③利き腕に対して「右（左）腕が重たい……重たい……」と数回ほど繰り返してください。できるだけこの文章は変えないようにしてください。また無理に「おもりをくくりつけてみた」などの暗示を自分にかけるのではなく、「力が抜ける感覚」を意識してください。
④それができたら、反対の腕→利き足→両方の足の順番に「重たい……重たい……」と繰り返すようにしてください。
⑤自己催眠を解くために、両手を3回開いて閉じ、両ヒジを3回ほど曲げ伸ばしてください。
⑥最後に大きな背伸びをして両手・両足を伸ばしてください（②〜⑥を3セット繰り返す）。

【自律訓練法その１】「重感練習のやり方」

1

足が床に着くぐらいの椅子に、両足を肩幅程度に開いて座ります。両腕は手のひらを下にして太ももの上に置きましょう。

2

目を閉じて心の中でゆっくりと「気持ちが落ち着いている、気持ちが落ち着いている」と繰り返します。

3

「右（左）腕が重たい、重たい」と利き腕に暗示をかけていきます。利き腕が重たくなったと感じたら、反対の腕にも同様に暗示をかけていきましょう。

4

両腕が重たくなったと感じたら、利き足から順番に「重たい、重たい」と暗示をかけてください。

5

足が重たくなったと感じたら、自己催眠を解くために両手を３回開いて閉じ、両肘を曲げ伸ばします。

6

最後に大きく背伸びをして終了です。②から⑥までを３回繰り返しましょう。

最初のうちは感覚をつかむまで苦労するかもしれません。

しかし、そうかと言って、あまり長くやり過ぎるのも負担になってしまいます。

目安は1つの身体の部位につき、長くても1分前後で行うのがいいでしょう。**慣れないうちは、利き腕だけでもいい**ので少しずつ進めていってください。

これができるようになったら、次は「温感練習」で手足の血流を高めて、身体のコリをほぐしていきましょう。これも難しければ、利き腕からはじめて両腕、両足と続けていきましょう。

①まずは「単純椅子姿勢」で座りましょう。
②先ほどの「重感練習」を行います。
③重感練習と同じ要領で今度は「右（左）手が温かい……温かい……」と心の中で繰り返してください。そして同じく反対の腕→利き足→両方の足を行ってください。
④自己催眠を解くために、両手を3回開いて閉じ、両ヒジを3回ほど曲げ伸ばしてください。
⑤最後に大きな背伸びをして両手・両足を伸ばしてください。
⑥これもまた、3回ほど繰り返してください。

長くとも3セット、合計5分程度で終わるはずです。

【自律訓練法その２】「温感練習のやり方」

①

足が床に着くぐらいの椅子に、両足を肩幅程度に開いて座ります。両腕は手のひらを下にして太ももの上に置きましょう。

②

151 ページの「重感練習」を行い、身体をリラックスさせます。

③

充分リラックスしたら、利き腕から順番に「腕が温かい、温かい」と自己暗示をかけていきます。両腕が温まったら両足にも同様に暗示をかけましょう。

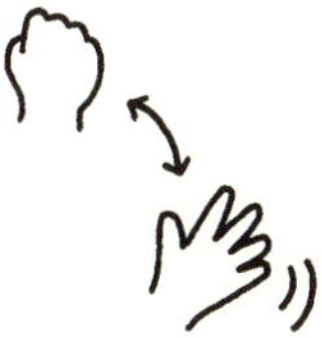

④

両足が温まったと感じたら、自己催眠を解くために、両手を３回開いて閉じ、ヒジを曲げ伸ばします。

⑤

最後に大きく背伸びをして、手足を充分に伸ばしましょう。②～⑤は全部で３セット繰り返してください。

最初は覚えるのが大変かもしれませんが、できるところまででいいので続けてみてください。

また、寝不足な人や不眠の人は練習中に寝てしまうかもしれません。今回の目的は「自律訓練法を覚えること」なので、どうしてもというときは仕方ないですが、**「自律訓練法」にとりくんでいる最中はできる限り寝ない**ようにしてください。

ちなみに不眠対策に特化した「自己催眠」もあるのですが、それについては第5章で解説します。

■もっと「らく」に生きるには？

「自律訓練法」は本来、一日のうち**朝・昼・夜に1回3セットずつ行う**ことで効果が高くなります。

自律訓練法を毎日続けるため、そして自分自身の体の調子をしっかりと知るために、**左に挙げた「自律訓練法　練習シート」を埋めてみてください。**

これによって、自律訓練法を習慣化するようにしていきましょう。

まとめ

まずは手足の緊張をほぐし、精神的にリラックスできる状態を作っていく。

最初は上手くいかなくてもいいので、できる限り継続することが大切。

■ 自律訓練法 練習シート

※コピーして使用してください。

日付	練習を終えてどんな気分になりましたか?
月　日	朝… 昼… 夜…
月　日	朝… 昼… 夜…
月　日	朝… 昼… 夜…
月　日	朝… 昼… 夜…
月　日	朝… 昼… 夜…
月　日	朝… 昼… 夜…
月　日	朝… 昼… 夜…

Step 23

【第４章「自己催眠」で体の疲れをとろう！】

中級編　呼吸を整えると嫌なことも受け流せる

手足に対する「重感練習」「温感練習」に慣れてきたら、次は心臓の働きと呼吸を整えましょう。心臓と呼吸を整えれば人前で話をするときも緊張せず、トラブルの時にも慌てず冷静に対応できるようになります。


前回は、手足の緊張を解き、身体をリラックスさせる「重感練習」と「温感練習」を学びました。

さて、ここでは一歩進んでより身体の根幹に近い**「心臓と呼吸（肺）の調整法」**を練習しましょう。

今回紹介する練習法は、重感練習や温感練習と同じく、身体をリラックスさせる効果があります。

さらに、練習を積んで習熟すれば、ピンチの時にも慌てない冷静な判断力がつく、という優れた練習法でもあります。

ここまで読んで、「なぜ心臓と呼吸が、判断力と関係があるの？」と疑問に思った方もいるかもしれません。その理由をわかりやすく説明するために、逆に質問してみましょう。

あなたは仕事中、とても厄介なトラブルに巻き込まれてしまいました。

上司に知られたら確実に大目玉を食らうであろう、かなりの大ピンチです。

そんな時、あなたは落ち着いて、ゆっくりと物事を考えることができるでしょうか。

普通ならば気が動転し、頭は混乱して、すぐにでもその場から逃げ出したいぐらいしか考えられないはずです。

それでは、その時に身体の状態はどうなっているかを想像してみてください。

おそらく**心臓はバクバクして、呼吸は浅く軽くなり、冷や汗が出てくる**……そんな状態になっているのではないでしょうか。

ピンチに直面した時の動揺している状況は、**脳が発する「警戒態勢」の一種**です。緊張状態や興奮状態と同じように、身体を反射的に動かすのには向いていますが、**合理的な判断力は大幅に低下**します。やや極端な例ですが、事件を起こした犯人が警察で「カッとなってやった」と動機を証言するのも、同じ理屈からと言えるでしょう。人間は警戒態勢にあると、どうしても物事を冷静に判断することができなくなるのです。

これは逆に言うと、脳から出た警戒態勢の命令を人為的に抑える、すなわち**心臓の動悸や呼吸を整えることができればピンチになっても冷静な判断力を保てる**ということでもあります。

そこで今回は心臓の鼓動と呼吸の状態を整えるための自己暗示をかけてみましょう。

ただし、**循環器や呼吸器に持病や既往歴がある方はこの練習は行わないでください**。また、**練習中に身体がけいれんしたり、著しい動悸が出た場合も中止**するようにしてください。

①まずは「単純椅子姿勢」で座りましょう。

②前回の要領で両手両足に対して、「重い」「温かい」と暗示をかけてください。

③「心臓が規則正しく打っている……心臓が規則正しく打っている……」と自分に何度も言い聞かせてください。

④「楽に呼吸をしている……楽に呼吸をしている……」と自分に何度か言い聞かせてください。

⑤両手を3回開いて閉じ、両ヒジを3回ほど曲げ伸ばしてください。

⑥最後に大きな背伸びをして両手・両足を伸ばしてください。

⑦これもまた、3回ほど繰り返してください。

やはり、この一連の動作も1回3セット、合計5~10分程度で行うようにしてください。

この「自律訓練法」のメリットは**「冷静になれること」**です。

たとえば、初めてのデートや、会議など人前に立って発言するとき、緊張して胸がドキドキした

【自律訓練法その３】「心臓と呼吸の調整法」

1

足が床に着くぐらいの椅子に、両足を肩幅程度に開いて座ります。両腕は手のひらを下にして太ももの上に置きましょう。

2

重感練習と温感練習の手順で、両手足に「重たい」「温かい」と暗示をかけていきます。

3

手足が温まったら、心臓に意識を向け、「心臓が規則正しく打っている、心臓が規則正しく打っている」と自分に何度か言い聞かせてください。

4

次に「楽に呼吸をしている、楽に呼吸をしている」と何度か言い聞かせてください。

5

心臓が規則正しく打ち、呼吸が楽になったら、自己催眠を解くために両手を３回開いて閉じ、両ヒジを曲げ伸ばします。

6

最後に大きく背伸びをして終了です。②から⑥までを３セット繰り返しましょう。

り、呼吸が速くなると思います。そんなとき、ここで学んだ「自律訓練」を十分に習得できていれば、「呼吸が落ち着いている……」「心臓が正しく脈打っている……」と自分に言い聞かせるだけで、落ち着いた気持ちで人と話をしたり発表することができるようになります。

■もっと「らく」に生きるには？

この訓練法についても「重感練習」「温感練習」同様に、「練習記録表」をつけてみましょう。

練習を重ねて慣れてくると、自己暗示のコツを体が覚えるようになってくると思います。上達すれば、まるで**「パブロフの犬」のように、椅子に座って目を閉じ、気持ちを落ち着けるだけで、手足が温かくなったり、重くなったりする**ことでしょう。

そうなれば、「重感練習」や「温感練習」は省いて、そのまま「心臓と呼吸の調整練習」に移って構いません。そうすれば時間も節約できるので、継続しやすくなるはずです。

まとめ

人間は呼吸が浅く、鼓動が早い「警戒状態」では判断力が落ちる。
呼吸と鼓動をコントロールすれば体の緊張をほぐすだけでなく判断力も身につく。

Step 24

【第４章 「自己催眠」で体の疲れをとろう！】

上級編 お腹の血流を高めれば便秘や下痢も改善

今回は腹部に注意を向けることで内臓の機能を高めていきましょう。腹部の緊張感をほぐすことによって精神的な疲労回復はもちろん、ストレスに起因する便秘や下痢などの身体的な症状の改善にもつながっていきます。

今回は「腹部温感練習」と呼ばれる技法を学びます。

ひとことで言うと、これは自己暗示によって腹部の血流を高める練習です。

リラックス効果があるのはもちろん、**「身体の異常に気づきやすくなる」**というメリットもあります。まずは左の事例を見てください。

ある日、胃のあたりにキリキリするような痛みが走りました。

医師の診察を受けると、心身症（ストレスや緊張が持続することによって起きる病気）による胃炎とのことでした。安静にして通院するように指示されましたが、その頃、仕事が忙しく終電まで帰れない状況が続いていました。腹部の痛みも落ち着いたので、結局、病院には通いませんでした。それから数日後、ようやく仕事が一段落しました。その瞬間、腹部をとてつもない激痛が襲いました。慌てて病院に行くと、胃炎は予想をはるかに超えて悪化していたのです。

こうしたケースは過去にいくらでもあります。

脳が「警戒状態」にあると、人間は痛みを感じにくくなります。**「傷が痛むので動けず、外敵に襲われる」という状況を防ぐために、痛みをブロック**してしまうからです。仕事など外の刺激の対応に追われていると、自分の内面に目を向けることがなかなかできません。そのため、気がついた時には病状が悪化しているということが起こり得るのです。

本書の第二節でも述べましたが、**「自分の身体に目を向ける」ことは、自律訓練法の重要なテーマ**です。目を閉じて一時的に外部の刺激をシャットアウトすれば、身体の疲れ具合や痛みなどの不調を感じとることができます。実際、自律訓練法を行っている最中にわずかな痛みを感じ、病院で診察を受けたところ炎症が見つかった、といった例も報告されています。

また、今回実践する「腹部温感練習」には、**胃腸の働きを整え、ストレス性の便秘や下痢を改善させる**という効果もあります。警戒状態にあると、胃腸は100パーセントの力を発揮できません

（食べてすぐに運動すると脇腹が痛くなる、などがその例です）。警戒状態を解き、腹部の血流を良くすれば胃腸の働きを活発化させることができるのです。

このように様々なメリットがある「腹部温感練習」、さっそくやり方を説明しましょう。

①まずは「単純椅子姿勢」で座りましょう。

②前回の要領で両手両足に対して、「重い」「温かい」と暗示をかけてください。

③「心臓が規則正しく打っている……心臓が規則正しく打っている……」と自分に何度も言い聞かせてください。

④「楽に呼吸をしている……楽に呼吸をしている……」と自分に何度か言い聞かせてください。

⑤お腹に手を当てて「お腹が温かい……お腹が温かい……」と自分に言い聞かせてください。

⑥両手を3回開いて閉じ、両ヒジを3回ほど曲げ伸ばし、最後に大きな背伸びをして両手・両足を伸ばしてください。

1回の練習で②～⑥を3セットほど行うようにしてください。

何度か繰り返せば、胃腸の働きが活発化して、身体の調子が改善したことを実感すると思います。

ただし、注意点があります。**消化器に潰瘍や炎症などの既往歴がある方は、練習を行う前に主治**

【自律訓練法その4】「腹部温感練習のやり方」

1

足が床に着くぐらいの椅子に、両足を肩幅程度に開いて座ります。両腕は手のひらを下にして太ももの上に置きましょう。

2

重感練習と温感練習の手順で、両手足に「重たい」「温かい」と暗示をかけていきます。

3

手足が温まったら、心臓に意識を向け、「心臓が規則正しく打っている、心臓が規則正しく打っている」と自分に何度か言い聞かせてください。

4

次に「楽に呼吸をしている、楽に呼吸をしている」と何度か言い聞かせてください。

5

腹部に手を当てて「お腹が温かい、お腹が温かい」と自分に言い聞かせてください。

6

自己催眠を解くために、両手を３回開け閉めし、両ヒジを曲げ伸ばします。最後に大きく背伸びをしましょう。

医に相談してください。また、**妊娠中の女性はこの練習は行わない**ようにしてください。

内容が増えてきたので難しく感じるかもしれませんが、バイクや車の運転と同じで、**最初は複雑に見える操作でも何度も行っていると自然と体や脳が覚えていきます**。少しずつでも結構ですので続けていくようにしてください。

■もっと「らく」に生きるには？

これもまた練習表をつけてください。練習を重ねて、お腹に手を当てなくても温まるように感じたら、手を外しても問題ありません。

この練習法を実践する段階にきたら、そろそろ自律訓練法にも慣れてきた頃だと思います。訓練を終えて「すっきりした気分」になっていれば、第2章で行った**「CES - D」の成績が変化しているか**もしれません。自分がどれだけ前に進んだのか、効果測定をしてみましょう。

まとめ

脳の「警戒状態」を解くと、体が発する不調の訴えに気づきやすくなる。
また、ストレス性の便秘や下痢も自律訓練法で「警戒状態」を解くと「らく」になる。

Step 25

【第4章「自己催眠」で体の疲れをとろう！】

卒業編「頭寒足熱」で集中力がアップ

これで自律訓練法の練習は最後です。ここでは「額涼感練習」という「額が涼しくなるような気持ち」を体験します。かなり難易度は高いですが、うまくできるようになると覚醒感を高めて集中力を上げることができます。

日本人ならば誰でも知っている、冬の風物詩「こたつ」。

こたつはこれまで日本以外ではあまり見ることがありませんでしたが、近年になってアニメやマンガなどの影響でその存在を知った外国人が購入するという機会も増えてきました。

「これはまるで悪魔の発明だ！」

「人類を堕落させる恐ろしい兵器だ！」

インターネットの掲示板などを見ると、そう言ってこたつを絶賛する外国人の書き込みを多数みつけることができます。こたつはいまや、ウォシュレットと並び、ワールドワイドに愛される家電のひとつになったのかもしれません。

……と、こたつ談義はさておき、人間はなぜこれほどまでにこたつが好きなのでしょうか。

こたつが愛される理由。それはおそらく、こたつが部屋全体を暖めるエアコンやヒーターとは違って、**「頭寒足熱」の状態を保てる暖房器具だから**でしょう。

人間は頭部の温度が高まると、集中力が大幅に低下します（夏のカンカン照りの日などを思い浮かべてみてください）。その一方で、逆に最もパフォーマンスを発揮できるのは、**脳は涼しく、身体は温度を高めて血行が良くなっている状態**です。それを実現できるからこそ、こたつは人気なのです（ちなみにこれとまったく同じことが夏に流行する「冷えピタ」などの冷却ジェルシートにも言えます。「靴に入れるカイロ」はあるのに、「靴に入れる冷えピタ」は見たことがないでしょう）。

この「頭寒足熱」を、こたつや冷却ジェルシートを用いず、**人為的に作り出すのがここで紹介する「額涼感練習」**になります。

正直なところ、これは今まで自律訓練法を続けていた方でもかなり難しいと思います。

そこで、最初は「涼しいという感覚」を味わえなくても問題はありません。

すでにいくつかの手順を省略して自律訓練法を行っている方も多いと思いますが、今回は今までの総集編ということで一切省略をせずに、自律訓練法の練習の手順を書いていきます。

「額涼感練習」の手順は次の通りです。

①まずは「単純椅子姿勢」で座りましょう。
②心の中でゆっくりと「気持ちが落ち着いている……気持ちが落ち着いている……」と繰り返してください。
③利き腕に対して「右（左）腕が重たい……重たい……」と数回ほど繰り返してください。
④それができたら、反対の腕→利き足→両方の足の順番に「重たい……重たい……」と繰り返すようにしてください。
⑤重感練習と同じ要領で今度は「右（左）手が温かい……温かい……」と心の中で繰り返してください。そして同じく反対の腕→利き足→両方の足を行ってください。
⑥「心臓が規則正しく打っている……心臓が規則正しく打っている……」と自分に何度も言い聞かせてください。
⑦「楽に呼吸をしている……楽に呼吸をしている……」と自分に何度か言い聞かせてください。
⑧「額が心地よく涼しい……額が心地よく涼しい……」と自分に何度か言い聞かせてください。
⑨両手を3回開いて閉じ、両ヒジを3回ほど曲げ伸ばしてください。
⑩最後に大きな背伸びをして両手・両足を伸ばしてください。
（②〜⑩の動作を3回ほど繰り返してください）

【自律訓練法その５】「額涼感練習のやり方」

❶ 単純椅子姿勢で座ります。

❷ 「気持ちが落ち着いている」と言い聞かせます。

❸ まずは利き腕に「重たい」と暗示をかけます。

❹ 反対の腕と両足に「重たい」と暗示をかけます。

❺ 利き手から足に向かって「温感練習」を行います。「温かい」と暗示をかけます。

❻ 「心臓が規則正しく打っている」と何度か言い聞かせます。

❼ 「楽に呼吸をしている」と何度か言い聞かせます。

❽ 「額が心地よく涼しい」と何度か言い聞かせます。

❾ 暗示を解くために、両手を３回閉じて開き、ヒジを曲げ伸ばします。

❿ 大きく背伸びをして、手足を伸ばします。②〜⑩を３セット繰り返しましょう。

いかがでしょうか?

「額涼感練習」がうまくいくと、**すっきりとした爽快感が得られ、仕事や勉強に対して「がんばろう!」という気力が自然にわいてくる**はずです。

また、上司に叱られるなど、以前はストレスに感じることが起きても、落ち着いて受け止められ、「ああ、この人はこういうことが言いたいんだな」と、**心の疲労を感じることなく、冷静に判断することができる**ようになるでしょう。

紹介した手順を試してもうまくいかなかったという場合は、最初のうちは練習を行う前に、冷やしたタオルで額を拭いたり、冷房を頭に当ててみたりするなどの方法で「額が涼しいとは、こういう感覚なのか」ということを体感すると成功しやすくなります。

これまで手足などの末端の部分から、次第に体の中枢に向かって温めていったのは、この「頭寒足熱」の状態を作るためでもありました。

この練習法を身につけるには、やはり何度も練習するしか方法はありません。そうして自分のものにできれば、緊張して発揮しきれていなかった能力を十分に発揮できるようになるはずです。

ちなみに、**過去に頭部に大きなケガをしたことがある方や、偏頭痛持ちの方はこの練習は行わな**

いようにしてください。また、**練習中に頭が痛くなった場合も中止**するようにしてください。

■もっと「らく」に生きるには？

例によって、これも練習表に書いていくようにしてください。

また、自律訓練法によって心身にゆとりが出たという方は、第3章の「認知行動療法」もより効果が高まっていることでしょう。

両者を上手く併用させることで、より良い気持ちで毎日を送っていただきたいと思います。

まとめ

「頭寒足熱」の状態を体が保てるようになれば、人間の頭脳は最高の状態を発揮することができる。これを自己暗示で行えるようにすることが自律訓練法の最後の課題である。

Step 26

【第４章「自己催眠」で体の疲れをとろう！】

応用編　自己催眠でスポーツやプレゼンも好結果

自律訓練法は「体をリラックスさせる方法」です。単に朝晩に行うだけでなく、仕事や勉強、スポーツの試合の前など集中したいときに行うと、あなた自身が持っている能力を最大まで発揮することができます。

前回で主だった自律訓練法の解説は終了です。

ちなみにこれまで紹介してきたものは、自律訓練法の中でも「標準練習」と呼ばれる一番シンプルなものです。**不安や緊張がとくに強い場合は、第3章で紹介した「認知行動療法」を同時に行えば、より気分がらくになる**ことでしょう。

催眠というものは一般的に、何度もかけていくことでかかりやすくなるものです。

これは自律訓練法についても同様です。

最初は落ち着いた場所でしか行えなかったものであっても、**慣れてくるとある程度ざわついてい**

る場所や、普段は使っていない椅子の上であってもできるようになります。

慣れてきたら決められた時間に練習を行うだけではなく、集中力が必要な仕事や勉強、スポーツの前に自律訓練法で集中力を高めたり、体に入った余計な力を取り除くようにすると、人生において大きなプラスになることでしょう。

そこで自律訓練法を具体的にどのような状況で応用できるのかを説明します。

●試合や会議の前

自律訓練法はスポーツでも、あがり症の人をリラックスさせる手段として用いられています。**あがり症の緊張は「不安」に起因**しているため、自律訓練法で体の緊張を解きほぐせば不安感を減少させることができるのです。

これは結婚式のスピーチなど人前で話す際にも応用可能です。職場の会議の前に行えば、リラックスした状態で会議に臨むことができるでしょう。

●勉強の前

「頭寒足熱」の状態が、最大限に力を発揮できることはすでに説明しました。

「絶対に、集中して勉強したい！」

という時などに準備体操の代わりに自律訓練法を行えば、脳の働きがいつもより高まることでしょう。

●ストレスを感じそうなとき

たとえば前日に、仕事でとんでもないミスをしてしまったとします。

そのことを責任者である部長に報告しなければいけません。

部長が出社するのは、朝の9時。時計を見るといまの時刻は8時50分。

あと10分で部長がオフィスにきます。

……と、このような状況だとだれでも不安な気持ちになるものです。

しかし、その不安があまりに強すぎると、脳が「警戒状態」になってしまい、いざ部長にミスを報告するときになって要領よく話すことができず、余計に怒られてしまうことも。

そこで、余計な不安を取り除くためにも残された10分で自律訓練法を行ってみてください。

そうすれば、落ち着いて冷静に受け答えができるだけでなく、**「怒られた時に感じるストレス」を減らすことになり、嫌な気持ちを「受け流す」ことができる**ようになります。

●寝坊してしまったとき

自律訓練法は1回3セット、合計5分〜10分程度で行うことが一般的です。

可能なら毎朝、出社前にその3セットを行うのが望ましいのですが、ときには寝坊をしてしまい、1分も余裕がないときもあるでしょう。

そのようなときにも、**暗示に体が慣れていれば、通勤電車のなかでも自律訓練法ができる**ようになります。これは毎日のストレスに対する予防になるだけでなく、寝坊したことによる焦りも解消することになるため、気持ちがらくになります。

このように、自律訓練法は日常生活の様々な場面で応用が利くテクニックといえます。

練習を重ね、**「警戒状態を解く方法」に慣れていけば、ストレスになるような状況に陥ってもすぐに心身をリラックスでき、心に疲労を溜めにくい体質になる**ことができます。

自律訓練法の継続は難しいかもしれませんが、少しずつでいいので、ぜひ続けていってください。

まとめ

慣れてくると自律訓練法は様々な場所で使用が可能になっていく。
また、自律訓練法を持続して練習すると、ストレス自体に対する耐性も上がっていく。

Step 27

【第４章「自己催眠」で体の疲れをとろう！】

自律訓練法を他人に行う際の注意点は？

自律訓練法は慣れてくると次第にほかの人に対しても行いたくなると思います。しかし、相手に自律訓練法を行うときには何点か注意しなければならないことがあります。そこでこの節で注意事項を解説いたします。

みなさんの中には、おそらく自分のためではなく**「らくに生きてほしい人が身近にいる」**という理由で本書を読んでいる方も多いのではと思います。

その他にも、

「自分の生徒に抑うつ的な子がいるから助けになりたい」

「部活や演劇などで教え子がもっと実力を発揮してほしい」

と考えている方もいるかもしれません。

本書で紹介した自律訓練法は「標準公式」と呼ばれる、もっとも一般的な技法です。そこまで難しいものではないため、プロのカンセラーでなくてもある程度までは教えることができます。

ただ、自律訓練法を他の人に教える際には、注意したいポイントがいくつかあります。

簡単にまとめてみましょう。

●やる気のない人に課題を与えすぎない

自律訓練法は手順が多いため、覚えるのが面倒で続けていくのが大変です。

本書で何節にも分けて解説したのは、小分けにすると覚えやすいからというだけではなく、「慣れてくると、前半の暗示を省略でき、要する時間を短縮できるから」という理由でもあります。

しかし、教える側としては「すぐに効果が出て欲しい」と思って、一気に「額涼感練習」まで進めてしまいたくなります。

自己催眠は一朝一夕で簡単にできるものではありませんし、義務的に、無理やり続けさせても効果は薄くなります。まずは利き腕の「重感練習」だけでもいいので、

「体の力が抜ける感覚」

をしっかりとつかんでもらえるように働きかけてください。

●誘導的にならない

自律訓練法のコツをつかむタイミングには、個人差があります。

とくに初学者の場合は、

「腕が重くなっている感覚がわからない」

と悩む人が多いように思います。

そうした反応を見ていると、教える側としてはつい手助けをしたくなります。

しかし、「腕に鉛が入ったように重たくなっていく……」などと教示文に余計なアレンジを加えたり、教示文をドラマに出てくる催眠術師のように妙な抑揚をつけて読み上げるのは、ＮＧです。

文言を付け足したり、抑揚をつけて読み上げたりすると、

「あなたの暗示でなければ、らくにならない」

という状態になるおそれがあります。

自律訓練法は、実践している人が自分で
「なるほど、こういう感じを持てば、腕の力が抜けるんだな」

という感覚を持てなければ意味がありません。

教示文はあくまでそのままで、読み上げるときも抑揚をつけず、学んでいる人自身が気づけるようにしてください。

●持病や既往歴を必ずチェックする。

自律訓練法には、基本的に副作用はありません。

ただし、これまで本章で何度か触れてきたように、特定の部位に持病があったり、既往歴がある人はいくつか練習を省略しなければなりません。

改めて持病と省略する練習の関係をまとめてみます。

- **・心臓調整練習…心臓の病気がある人**
- **・呼吸調整練習…呼吸器系の病気がある人**
- **・腹部温感練習…消化器官に異常がある人（胃潰瘍などの病気も含む）**
- **・額涼感練習…偏頭痛をもっていたり、てんかんなどの病気がある人**

簡単に言えば、「注意を向ける部分に病気がある人は、そこの練習は省略する」ということです。

あちこちに病気を持っている方の場合は「重感練習」「温感練習」までにとどめておくことが無難です。これだけでも十分にリラックス効果があるので、抑うつ的な気分はかなり改善されることでしょう。

以上の3点に注意して、自律訓練法は他人に教えるようにしてください。

学問というのは、人に教えることによって頭の中の知識が体系化され、より整理されるものです。そのため、人に教えるというのは自分が自律訓練法を使いこなすためにも非常に有効になります。

この手の「心理技法」は手品と同様、学ぶとむやみに人に試してみたくなるものです。しかし、試してみたいからと言って、

「きみ、あがり症なんだって？　だったら自律訓練法がオススメだよ。やり方はね……」

などと、押し付けがましい態度をとってしまうのは禁物です。相手の「困っていること」をしっかりと聞き、その上で「自律訓練法」が必要なら教えてあげるくらいのスタンスで行うようにするといいでしょう。

まとめ

この技法を他人に教えるときには誘導的になったり一気に高度な練習をさせてしまうことが多い。少しずつ進めていくように注意することが大切である。

【第5章】

それでも「らく」に生きられないときは？

これまで本書では、様々な「らくになるための方法」を解説してきました。しかし、それらを実践しても不安やイライラが解消できない人がいるかもしれません。そこで本章では、そうした人のために「らくになるための別の方法」を紹介しています。人間関係でストレスを感じないための方法や、簡単にできるリラクゼーションなど、「らく」に生きるためのヒントを学んでみましょう。

Step 28

【第5章　それでも「らく」に生きられないときは？】

好かれるための「情報収集」は控えてもよい

対人関係に悩んでいる人は「なにかおもしろい話題はないか」といつも情報を収集し、「上手な話し手」になろうとする傾向があります。しかし、むしろ「上手な聞き手」になった方がずっと効果的なこともあります。

人間関係に関する悩みでよく聞かれるのが、**「他人とうまく話せない」**というものです。

家族や友人など気心の知れた人との会話だと問題なくこなせるのですが、取引先や職場の人が相手になると、とたんに話し下手になったように感じて、無言の時間が気になってしまう。

会話に関する悩みはつきないようで、書店に行くと「話し方のコツ」や「会話術」を解説した本がたくさん売られています。

多くの場合、それらの本では「雑談力を磨く」、すなわち、流行りの情報を収集して話題を豊富に持つことを薦めています。みなさんの中にも「上手な話し手」になるために、雑誌を見たり、時事問題を勉強するなどして、情報収集しているという方がいるかもしれません。

たしかに話題が豊富にあると、一見、会話に困らないように思えます。しかし、話題を豊富に持っているだけで、本当に話し上手になるでしょうか。


ここでひとつ質問をします。

あなたが学生の時に、クラスで一番人気があったのはどんな人でしたか？

見た目が良い人や話がおもしろい人でしょうか。

もちろん、そうした人も人気者だったでしょうが、案外**「話しやすい人」が一番の人気者**だったのではないかと思います。


さらにもうひとつ質問をします。

あなたのクラスにも、

「優等生で、試験前にわからないところをなんでも教えてくれる人」がいたと思います（本書を読んでいる方の中には、『それは自分のことだ！』という方もいるかもしれません）。

しかし、**そういう「便利な人」が周りに好かれていたでしょうか？**

これは、必ずしもイエスではなかったと思います。

ひどい場合には**「試験前や休み前だけ頼られるけれど、それが過ぎたら周りから相手にしてもらえない」**という「都合の良い人」扱いされるようなケースもあったことでしょう。

このような現象はなぜ起きるのでしょうか。

それは、**人間には「自分を受け入れてくれた」と感じた相手に好意を持つという習性があるから**です（これを「自己是認欲求」と言います）。

先ほどの「勉強をなんでも教えてくれる人」の場合も、関係としては向こうが「教える側」であり、こちらのことを受け入れているわけではないため、好意を持たれなかったのかもしれません。

これは会話の場合も同様です。

様々な情報を収集すれば、たしかに「便利な人」と思われて人は近づいてきます。しかし、**それが必ずしも信頼や好意に結びつくわけではありません**。話題作りのために情報収集をしていると、自分の興味がないような分野でもつい義務感にかられて収集したくなってしまいます。好きでもないのにそうしたことを行うのは、心の疲労が溜まる原因にもなります。

そこで、もしも周りに気に入られたいからと必死で情報誌を読んでいる方がいたら、まずは思い切ってそれを捨ててしまいましょう。

そして逆に相手が、

「どんな情報を発信しているのか」

を聴く側に回るように心がけてみてください。

この時に注意することは、

・相手の目を見て話を聞くこと

・無理に話をしなくてもいいから、しっかりと相手の話にうなずくこと

この2点だけで大丈夫です（もっと高度な「聴く技術」もたくさんありますが、本書は会話術の本ではないので、解説を省略します）。

おそらくみなさんのように物事を真面目に考えるタイプであれば、下手に「話し手」に回るよりも、このようにして**「聞き手」になった方がずっと「らく」になる**と思います。

まとめ

相手の「聞きたい情報」を与えるために努力をしてもあまり意味がない。
それをするくらいなら相手の「話したい情報」を話すようにうながすことが重要。

Step 29

対人関係では「揺り戻し」に注意

【第5章　それでも「らく」に生きられないときは?】

良好な人間関係を築くためには時に我慢も必要です。しかし、自分を押し殺してばかりいると感情が爆発して、攻撃的になってしまうことも……。そうならないために、ここでは「アサーション」という方法を学びましょう。


それまでおとなしかったのに、何かのきっかけで急に性格が変わったようになる。

そんな人がときどきいます。

たとえば、自己啓発書に影響されて、

「おとなしく控えめな性格だったのに、急に社交的で派手好きになって、周囲の人を不安がらせてしまう」

などが代表的な例でしょうか。

このように、いままで我慢してきた分を取り返そうと、極端から極端に考えが変わってしまうことはよくあります。

たとえば、本書を読んで、

「私はこれまで自己主張ができなくて損ばかりしてきた」

ということに気がついたとします。

これからはしっかり自分を出そうと決断し、

「その仕事は私の仕事ではないから、あなたがやってください」

「あなたの意見は間違っています。だから、私の言う通りにやってください」

などと臆せず発言するようになったとしましょう。


どうでしょうか。これで良好な人間関係を築くことができるでしょうか。

たしかに**思ったことを口にすれば、自分の気持ちは「らく」になるかもしれません**。しかし、自己主張ばかりしていては周囲に悪い印象を与えてしまいます。**長い目で見れば、マイナスなのです**。

自分の意見を主張するのは大切ですが、良好な人間関係を築き、それを維持していくためには相手の気持ちを考慮する必要があります。

その時に参考になるのが、専門用語で**「アサーション」**と呼ばれる方法です。

「アサーション」とは簡単に言うと、**「相手を傷つけずに自己主張すること」**です。

「自分の気持ちは伝えたい。でも、嫌われたくない……」

という人にとって、非常に役立つ方法ですので、ここで押さえておきましょう。

「アサーション」の具体的な説明に入る前に、まずは意見の伝え方の種類を整理してみましょう。

自分の意見を相手に伝える方法には、大きく分けて次の3種類があります。

①ノン・アサーティブな表現

自分よりも他人を尊重してしまう方法です。言い換えれば、他人を気にして自分の要求を出すことができず、自分が我慢して解決しようとする表現といえるでしょう。電車で騒いでいる人がいても、苦情を言わず我慢してしまう、などが例として挙げられます。

②アグレッシブな表現

相手よりも自分を尊重する表現方法です。さきほどの電車の例で言えば、「うるさいから、電車の中では黙ってろ！」などと怒鳴りつけたりする表現がこれに当たります。

③アサーティブな表現

これは「自分も相手も大事にする表現」です。電車の例で言えば、「楽しいのはわかるけど、もう少しだけ声のボリュームを下げてくれるかな？」といった表現になるでしょう。

すべての場面に当てはまるとまでは言えませんが、この中で一番「自分の気持ちがらくになり、相手の気持ちを傷つけない方法」は「3」の「アサーティブな表現」になるでしょう。この3種類の表現をうまく使いこなすことが「アサーション」です。

「アサーティブな表現」を行うための技法としては、**「DESC」**というものがあります。

「D（Describe）」…相手の行動を客観的に述べる
「E（Express）」…自分の感情を表現する
「S（Specify）」…相手に要求を行う
「C（Choose）」…要求が受け入れられた時、受け入れられなかった時にどうするかを話す

これら4点に分けて話をすることによって、相手に不愉快な気持ちを与えずに伝えるものです。

たとえば、「毎晩、電話で失恋した相手の愚痴をあなたに言い続けるような相手」がいたとしましょう。このような相手に対しては、

「毎晩、夜中に電話をかけてくるよね（「Describe」）。たしかに、ずっと好きだった人に振られたんだからすごくつらいのはわかるし、あなたが傷ついていることを悲しく感じている。ただ、毎晩電話をかけられると、正直疲れるんだ（「Express」）。だから、電話はかけてもいいけど、できれば22時までの1時間にしてほしいな（「Specify」）。もし、そうしてくれるんだったら、じっくり話を聞くから（「Choose」）」

といったかたちになるでしょう（あくまで一例ですが）。大事なのは、特に「Express」の時に、**感情的にならずに冷静に話をすること**、そして「相手の気持ちを理解している」と伝えることです。

アサーションによって上手く自己主張ができるようになれば、「らくになるために取った行動が原因で心に疲労が生じる」という本末転倒なことも減るはずです。

■もっと「らく」に生きるには？

それでは、具体的にアサーティブになるにはどうすればいいのでしょうか。

そこで参考になるのが、本書の第3章で書いていただいた「1週間のうちにストレスを感じた出来事」（113ページ）です。

ストレスを受けたと感じた出来事を見て、「DESC」を参考に、

「あの時、こうすれば自分も楽になれたし、相手にも嫌な気持ちをさせなかったかもしれないな」

ということを考えてみてください。この訓練を繰り返していくと、アサーティブな表現が自然と身につき、次第にどんな状況でも自分の気持ちをうまく伝えられるようになるでしょう。

まとめ

一番望ましいのは、自分の気持ちを伝えながら相手に不快感を与えないこと。

アサーションを活用して気持ちを伝えると、自分も相手も良い気持ちで過ごせる。

Step 30

【第5章　それでも「らく」に生きられないときは？】

不眠をスッと解消する自己催眠もある

第4章では自律訓練法が不眠症に効果的なことを説明しました。ここでは特に不眠症に効果がある自己暗示のかけ方を紹介します。非常に簡単ですので、不眠に困っている方は実践してみてください。

第4章では、自分に暗示をかけて心と身体をリラックスさせる「自律訓練法」を学びました。

情報量の多い現代社会に生きている私たちは、外側から刺激を受け続けているため、つねに軽い緊張状態にあります。「自律訓練法」は**脳が発する「警戒態勢」の指令を解除し、心と身体を落ち着かせる**効果がある、という内容でした。

不眠症の中には、その**脳が発する「警戒態勢」の指令が原因で起こるものがあります**。自律訓練法がそうした不眠症の改善にも効果があるのは、第4章で述べた通りです。

しかし、**不眠症というのはなかなかしぶとい**ものです。毎日のように自律訓練法を行ってもなかなか効果が実感できないという方もいるかもしれません。なかには時間をかける余裕がなく、「一刻も早く解消したい」という方もいることでしょう。

そこで、ここでは**不眠の改善に特化した自律訓練法**を紹介したいと思います。これも自律訓練法の「重感練習の応用」（151ページ）です。

①ベッドに腰掛けて下さい（ここではまだ横にならないでください）。

②重感練習と同様に、目を閉じて「気分が落ち着いている……気分が落ち着いている……」と何度も自分に言い聞かせてください（以下、声を出す必要はありません）。

③今度は「両足がリラックスしています……両足がリラックスしています……」と何度も言い聞かせるようにして下さい。

④「両足が重く感じられます。そして眠くなってきます……」と自分に言い聞かせるようにして下さい（『おもりをつけるような感覚』ではなく、『力が抜けるような感覚』を意識しましょう）。

⑤「身体と顔が重くなっていきます……まぶたが重くなります……そして眠くなっていきます……」と何度も言い聞かせてください。

⑥最後は「全身がくつろいでいます……」と言い聞かせ、横になってください。

「不眠症を解消する自律訓練法」

1

ベッドに腰掛けます。
※布団の場合は、椅子に「単純椅子姿勢」で座りましょう。

2

目を閉じて、「気分が落ち着いている」と何度か自分に言い聞かせます。

3

気分が落ち着いたと感じたら、「両足がリラックスしています…、両足がリラックスしています」と暗示をかけていきます。

4

次に「両足が重くなっていきます。そして眠くなってきます」と暗示をかけます。

5

「身体と頭が重くなっていきます、まぶたが重くなります、そして眠くなっていきます」と何度も言い聞かせます。

6

最後は「全身がくつろいでいます……」と言い聞かせ、横になってください。

この訓練は眠ることが目的ですので、**途中で身体が重くなったり、眠気を感じたら中断してベッドに横になってしまってもかまいません。**

心を落ち着けてこの訓練を行えば、寝付きがよくなり、眠りも深くなります。不眠症に悩んでいる方はぜひ試してみてください。

さて、ここで不眠症の解消に使われることが多い、「アルコール」と「睡眠薬」についても軽く触れておきましょう。

みなさんの中には、眠りにつく前にナイトキャップ（寝酒）を飲んでいるという方がいるかもしれません。**しかし、アルコールは不眠の解消には逆効果です。**

アルコールには眠気を誘発する成分が含まれているため、眠りにつくのは早くなります。ですが、その一方で、その分、眠りが浅くなってしまうので睡眠時間を充分にとったつもりでも翌日に疲れが残ってしまいます。

そして、なぜか忘れられがちなのですが、アルコールも立派な薬物の一種です。飲み続けると耐性がついて、たくさん飲まないと眠れなくなったり、アルコール依存症になってしまうおそれもあります（実際、不眠症からアルコール依存症になったケースはいくらでもあります）。

眠れないからといってお酒を飲む、**とくに大量に摂取することは避けた方がいい**のです。

睡眠薬についても同様です。睡眠薬は不眠や抑うつの治療においてたしかに効果があります。最近のクスリは進歩しており、副作用や依存症といったリスクも以前に比べてずいぶん少なくなっています。

しかし、クスリ自体の依存性は低くとも、**「睡眠薬がないと眠れない」という不安から、睡眠薬を手放せなくなる**というおそれも大いにあります。

今回挙げた方法には**副作用はありませんし、専用の機材を揃える必要もありません。**だれにでも行うことができる方法です（ただし、いきなり薬を止めるのはおすすめしません。薬を止める際は、必ず医師に相談しましょう）。

アルコールや睡眠薬に頼る前に、まずは一度、試していただきたいと思います。

まとめ

「自己催眠」の方法には不眠の解消に特化した技法が存在する。
睡眠薬も有用だが、脳の警戒状態を解く自己暗示を試してみると不眠が治る可能性がある。

Step 31

【第5章　それでも「らく」に生きられないときは？】

「リフレーミング」でイライラは抑えられる

ストレスや劣等感によってネガティブな感情に支配されてしまうと、イライラしてなにも手につかなくなってしまいます。ここで紹介する「リフレーミング」を行えば、ネガティブな感情を抑えることができるでしょう。

ストレスを感じるような状況に陥ったとき、認知行動療法や自律訓練法を用いてもイライラが収まらないときがあります。

たとえば、自分が悪くないのに理不尽に叱られたり、信じていた人に裏切られたりしたら、こういう技法を使う気持ちにもなれなくなることでしょう。そのようなときには、「リフレーミング」を行うことで気分を変えることができるかもしれません。

「リフレーミング」とは、簡単に言うと**「物事に対する意味をとらえ直すこと」**です。大きく分けると2つの種類があります。

ひとつは、**「意味のリフレーミング」**です。

これは「一見するとネガティブに見える物事」を、「ポジティブなもの」としてとらえ直す作業です。第2章で解説した「短所を長所としてとらえなおすこと」は、その代表的な例でしょう。

物事には、どんな嫌なことであっても、多少なりともプラスの理由が必ずあります。

たとえば、あなたが好きだった異性とのデートに、ようやくこぎつけることができたとします。

しかし、待てど暮らせど相手はやってきません。

「まさか！」と思ったあなたはその人のツイッターを見てみました。すると、

「いま、友だちとカラオケなう。超楽しい！」

とつぶやいていました……。

こういうとき、あなたはおそらくしょんぼりしながらも、

「なんだ、これ！　ふざけんな！」

とイライラしてしまうでしょう。しかし、この「相手からデートをすっぽかされた」ということでも、意味づけを変えれば「よかったこと」になります。

この体験は裏を返せば、

「彼（もしくは彼女）は、簡単に約束を破る人物だとわかった」

ということになります。こうした人物と交際したとしても、遅かれ早かれ同じような目に遭うこ

とは想像できます。むしろ傷が浅いうちに別れる（この時点ではつきあっていませんが……）ことができて運がよかったのです。

友人とケンカをした場合も、

「なんであんなことを言っちゃったのかな」

とネガティブに悩むのではなく、

「彼（彼女）はどんなことに怒るのかがわかった」

とポジティブな体験としてとらえれば、「あの時、ああしていればよかったのに……」とくよくよする必要もなくなるのです。

リフレーミングのもうひとつの種類は、**「状況のリフレーミング」**です。

これは**状況を変えることで、ネガティブなものをポジティブなものにとらえ直す考え方**です。

よく例として出されるのが、「落ち着きがない子ども」でしょう。

日本では、黙って静かに授業を受ける子どもが〝良い子〟とされていますので、すぐに騒いだりする子どもは「困った子」だと判断されることが多いと思います。

しかし、この子が社会に出て「世界を飛び回るジャーナリスト」のような仕事についたらどうなるでしょうか。落ち着きのなさが良い方向に働く可能性は十分にあります。

このように、**一見すると短所であることであっても「状況」が変われば、ポジティブなメリットになる**ことがあります。

優柔不断な人は、慎重な判断が必要とされるような職場で力を発揮できたり、せっかちな人は逆に素早い判断が求められるような状況で重宝されることでしょう。極端なことを言えば、容姿のうえでの欠点ですら「同性が多く、異性が少ない状況でも周りからやっかみを受けづらい」など、状況次第で強みになったりします。

短所は状況によって長所に変わることがあります。**「自分の特徴は、どのような場面で役に立つのか」を考えてみると、自分に対するネガティブなイメージを低減させることができます。**

気分がイライラした時は「意味のリフレーミング」、劣等感に襲われた時には「状況のリフレーミング」を行うと、暗い気持ちを改善することができます。積極的に試してみましょう。

まとめ

リフレーミングには、大きく2種類の技法が存在する。
どちらも、イライラする気持ちを抑えたり、自信を取り戻すことに役立つ。

【第5章 それでも「らく」に生きられないときは？】

Step 32

簡単にできるリラクゼーションもある

自律訓練法を毎日続けるのが面倒くさいという方も多いでしょうし、人に勧めてもやる気を起こしてくれないかもしれません。そのような方は、ここでお話しするリラクゼーションの方が簡単なのでお勧めです。

現代の日本はストレスがよほど多いのか、街を歩けばいたるところにリラックスをするためのスポットがあります。

その方法を大きく分ければ2種類あるでしょうか。

まずひとつは、マッサージやストレッチなど、外側から物理的に身体のコリを解すもの。

そしてもうひとつは、アロマテラピーや自律訓練法など、内側から身体を落ち着かせて血流を改善し、緊張を解くものです（湯船にゆったり浸かるのは、その両方といったところでしょうか）。

これらのリラックス法はどれも一長一短がありますが、日本ではさほどカウンセリングが普及していないこともあって、

「自己暗示をかけてどうしてリラックスできるの？」

と思う方も多く、**体の内側からのリラクゼーションは敬遠されがち**です。

また、最初のうちは自律訓練法がなかなかうまくいかないことも多いため、

「これは自分には合わない技法なんだな」

と中断してしまう方もいるかもしれません。

そこで、もっとも簡単にできるリラクゼーションの方法を紹介しようと思います。

手順は次の通りです。

①椅子にゆったりと腰かけて、手を太ももの上に乗せてください。
②目を閉じて手の平の熱が次第に、太ももに伝わってくる姿を想像してください。
③その熱がひざ、くるぶし、かかと……とじんわりと伝わってくる様子を想像してください。
④今度はその熱が上半身のほうにもゆっくりと流れてくる様子を想像してください。
⑤深呼吸しながら「今の自分はとてもリラックスしている」と何度か心の中で唱えてください。
⑥目を開けて、大きく伸びをしてください。

「簡単にできるリラクゼーション」

1

椅子にゆったり腰かけ、両手を太ももの上に乗せましょう。

2

目を閉じ、手のひらの熱が次第に太ももに伝わってくる姿を想像してください。

3

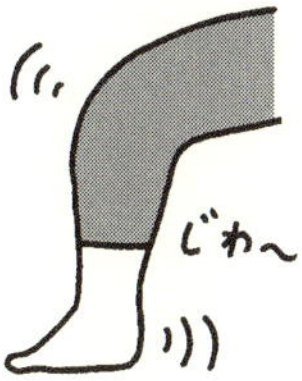

その熱がひざ、くるぶし、かかと……とじんわり伝わる様子を想像してください。

4

今度はその熱が上半身のほうにもゆっくりと流れてくる様子を想像してみましょう。

5

深呼吸しながら「今の自分はとてもリラックスしている」と何度か心の中で唱えてください。

6

目を開けて、大きく伸びをしてください。

いかがですか？

落ち着いて取り組むと、これだけでも身体がリラックスできたのではないでしょうか。**この方法はたいへん簡単なので、今日からすぐにでもできます**。

これまで見てきたように、身体がリラックスしていると、ストレスを感じるような出来事があってもさほど負担に感じなくなります。**ちょっとしたことでイライラしたり、焦ったりすることはなくなっていきます**。

普段なかなかリラックスすることができず、さらに時間もとれないという方は、まずはこれを試してください。

まとめ

筋肉を弛緩させる方法には様々な方法がある。

自分の意思で体温を高めてゆったりと落ち着いた気分になることも可能である。

Step 33

【第5章　それでも「らく」に生きられないときは？】

すがすがしい気分で月曜日を迎えるには？

適度な運動と休養をとることが、日常のストレスを低減するための一番の方法です。しかし、休日の使い方を間違えてしまうと運動や休養がかえって逆効果に働いてしまうこともあります。

「うつは心の風邪」という言葉が少し前に流行しました。

これはもともと、

「誰でもなりうる病気である」

「安静にしてゆっくり治すことが重要」

という意味でつかわれていたものでしたが、なぜか、

「風邪のように、簡単に治る病気である」

と曲解する方が大勢いました。そこで現在は**「うつは心の骨折」**と言われることも増えてきたよ

うに思います。

風邪・骨折に共通していることは、

「特効薬がないため、まずは休養をとる。そして十分な栄養を取ること」

が一番重要ということです。

どんな書籍であっても、うつ病で一番大事なものは「休養」とほぼ例外なく書いています。

実際に書店に行くと、

「うつは薬じゃないと治らない！」

「うつは心理療法だけで治せる！」

といった書籍はよく見かけますが、

「うつは休まなくても治る！」

という書籍はほとんど見かけません。


健康な人でも睡眠不足が続くとうつ病のリスクが高まります。そのため、**休養はどんな状況でもきちんととるようにしてください**。

また、**日常生活に運動をとりいれることもストレスを発散するのに有効**です。実際、普段運動をすることでうつ病の発症リスクが大幅に低減するという研究結果もあります。

……と、これだけではただ「普段から良好な気分で過ごすには栄養と運動が大事」と、当たり前のことをお伝えしただけになりますので、最後に「運動の仕方」についての注意点を解説します。

産業心理学（いわゆる、産業分野の心理学。職場のメンタルヘルスや抑うつ・不安障害への取り組み、職業の適性検査など様々な領域が存在する）でよく話に上がるのは、

「どうすれば、気持ちよく月曜日を過ごせるのか」

ということです。

この答えは極めてシンプルで、

「日曜日にたくさん運動して、そして早めに寝る」

ということで衆目は一致しています。

しかし、日曜日に運動すると月曜日に疲れを残すと考えるのか、

「土曜日にたっぷり運動して体をほぐした後で少し昼寝をしよう。そして日曜日はゆっくりごろごろしよう」

といった週末の過ごし方をする方が多いように思います。

これははっきり言って、逆効果です。

土曜日にたっぷり運動した後で昼寝をすると、どうしても夜更かししがち。そうなると、当然、日曜日の起床時間は遅くなってしまいます。また、さらに日中をごろごろして過ごすと、肉体を適度に疲労させることができず、その日の眠りも浅くなります。

結局、日曜日にしっかりと体の疲れをとることができず、疲れが溜まった状態で月曜日に出社することになってしまうのです。


これだけではピンとこないと思うので、身近な例を挙げてみましょう。

たとえば、日曜日に家族サービスで遊園地に行ったとします。

長蛇の列に並んでジェットコースターに乗り、アイスクリームやホットドッグを買って、お化け屋敷に入り、メリーゴーランドに乗り、ゴーカートに乗り……。

そうやって一日家族につき合っていると、帰る頃にはヘトヘトになっていることでしょう。

しかし、そうやって疲れ切った日の翌日は、意外なほど体が軽かったりしませんか。

これは「遊園地に行って体を動かす」ということが、眠りの質を高めたからです。

「早寝、早起き、朝ご飯、そして適度な運動」

使い古された表現ではありますが、実際にこれを行うだけで毎日を良い気持で過ごせるようになっていきます。

月曜日がつらい、という方は一度、日曜日の使い方を見直してみてはいかがでしょうか。

まとめ

どうしても日曜日はごろごろしていたいもの。
しかし、土曜日に運動するよりは日曜日に体を動かしたほうが月曜日に爽やかな気分で起きられる。

Step 34

【第5章　それでも「らく」に生きられないときは？】

それでも気持ちがらくにならないときは…

みなさんの中には本書で解説した技法を実行してもうまくいかなかったという人がいるかもしれません。しかし、心配する必要はありません。最後に「らく」に生きるためにこれだけは覚えておいて欲しいことを列挙します。

本書では「らく」に生きるための心理テストと認知行動療法、そして自律訓練法を紹介してきました。

しかし、心理療法というものは、人によって向き不向きがあります。そのため、本に書いてあることを試してみても、気分が晴れなかったという方もいるかもしれません。

そのような方が「らく」になれるよう、最後に「これだけは覚えておいて欲しい」と思うことを書いておきます。

①本の内容を鵜呑みにしない

本やインターネットといったメディアの情報は、**基本的に「最大公約数」を対象に**しています。

そのため、人によっては合わないといったケースが出てきます。

たとえば、ピアノを始めようと思い、初心者向けの教本を読んだとします。

たいていのピアノの教本には、ピアノを弾く正しい姿勢として、

「椅子に半分くらい腰掛ける」

と書いています。

しかし、普通よりも身長が高い人の場合、そうした座り方をするのはどうでしょうか？　むしろある程度、深く腰をかけた方が体が安定するはずです。

本などのメディアで書かれていることは、想定される大多数の人を対象にしています。その内容を鵜呑みにせず、時には自分なりにアレンジする必要があるのです。

それは本書でも同じです。

本書は、できるだけ多くの方に効果が実感していただけるように書いています。ですが、それでもすべての人の悩みをカバーできているとは思っていません。本書で紹介した技法が合う、合わないというのは、どうしても出てくることでしょう。

しかし、たとえ本書が合わなかったとしても、それで終わりではありません。生き方を改善させ

る方法というのは、他にもまだたくさんあります。

「自分はダメだ」などと思うのではなく、頭をすぐに切り替え、**「ほかにも自分に合ったやり方がきっとあるはずだ」**と、別の方法をさがしてみましょう。

②だれかに相談する

うつ病の患者さんの多くは、ギリギリまで相談せず、一人で解決しようと悩んでしまう傾向があります。「らくに生きられない」人も同じように、他人に相談することを避ける傾向が強いように思います。

人に相談しないというのも色々な考えがあってのことだと思いますが、やはり困った時にはだれかに相談する、というのは非常に重要です。

相談するということは、自分が考えていることを筋道を立てて話すということです。たとえ**有効な解決策をもらえなかったとしても、自分の抱えている悩みが整理できる**ため、それだけでも気持ちがいくらか「らく」になります。

また、**相談することで周囲との人間関係が良くなる**こともあります。

恋愛のテクニックなどを解説した本には、

「人は頼みごとをされると、その人に好意を持つ」

といったことがよく書いてあります。

人は多かれ少なかれ、他人に認められたい、評価されたいという「**承認欲求**」を持っています。

頼み事をされるというのは「その相手から認められている」ということでもあるので、好意を持ちやすくなるのでしょう。


そうした関係は、なにも恋愛だけに限りません。

たとえば、容姿はかわいらしいのに、なぜか大人から「かわいげがない」と評されてしまう子どもがいます。そんな子は総じて早熟で、

「ああ、ぼくはなんでも一人でやりますから。どうぞお構いなく」

と、大人の手を煩わせない傾向が高いように感じます。

こうした子どもは（言い方は悪いですが）、大人の「承認欲求」をうまく満たしてくれないために、「かわいげがない」と思われてしまうのでしょう。

それは大人の社会でも同じことが言えます。

職場でゴルフの話題が出て、部下もゴルフをしていることがわかったとします。

上司が「上達のコツ教えてやろうか」と声をかけた時、

「お気遣いなく。ゴルフのスコアは自分で研究して高められるように努力しますから」

と言ってなんでも一人で解決しようとする部下よりも、

「どうやったら課長みたいにゴルフがうまくできるのか、ぜひ教えて下さい」

と相談にくる部下の方が評価されるのではないでしょうか（もちろん、あまりに頼ってばかりだと、評価はされませんが……）。


このように**「誰かを頼る」ことが、良好な人間関係を生み出す**ケースはよくあります。

「相談したら、嫌われるのではないか」

と気に病む必要はありません。

悩んだときには、だれかに話すようにしましょう。

③病院に対する偏見を持たない

どうしても不安な気持ちや抑うつな気分が払しょくできず、心療内科の受診を考えている方もいらっしゃるかもしれません。

しかし、そんな時に第3章で解説した「黒いサングラス的な思考（いい点を無視して、悪い点だけを見てしまう）」を病院にも当てはめてしまい、

「病院に行っても良くなることはないだろう」

と考えてしまったり、

「独裁者的思考（自分の思い込みが事実だと思ってしまう）」によって、

「心療内科に行くと、心が弱い人だと思われてしまう」

と、受診の前に二の足を踏んでいる方もいると思います。

心療内科というと薬物療法のイメージが強いですが、実際には**心理療法を重視した治療を行っているところもあります**。

いままでは心療内科は一般的になっており、**年間の受診者数は約100万人もいます。病院に通うことに「スティグマ（偏見）」を持つ必要はまったくない**のです。

病院に行くことを深刻に考える必要はありません。

「ちょっと相談に行ってみる」程度の軽い気持ちで通院すればいいのです。

どうしてもつらい時は、迷わず心療内科を受診していただきたいと思います。

④疲れたら逆のことをしてみる

実は本書でこれまで紹介してきた技法は、

「らくに生きられない人があまりやらないこと」

が中心でした。

本書の内容を振り返ってみると、第2章で紹介したのは「自分の性格を客観的に見る」ということでした。

第3章では、認知を変えることで「物事を自分にとって都合よくとらえる方法」を学びました。

第4章では、外の刺激をシャットアウトして、「ゆっくりと目を閉じて、内面から緊張を解す方法」でした。

いかがでしょうか。いずれも普段の生活ではほとんどやらないことばかりだったのではないか、と思います。

心に疲労を溜めやすい方は、それまでのクセから自然とストレスになる行動をとってしまう傾向があります。本書で紹介した「あまりやらないこと」は、偏った心のバランスを整えるものでもあったわけです。

それは普段の生活でも同じです。

毎日の暮らしで行き詰まりを感じたら、「普段とは逆のこと」をするようにしてみてください。

「いつも慌ただしく動いているのであれば、公園でのんびり休んでみる」

「デスクワーク中心で疲れてしまったら、体育館やグランドで身体を動かしてみる」

その程度のことでも、気分転換になって心の疲労は解消されます。

以上の４点は、とても非常に重要なことです。「らくに生きる」ことに行き詰まりを感じたら、ここに書いてあることをぜひ思い出して欲しいと思います。

まとめ

どのような場合でも、人に相談したり、逆のことをしてみることは嫌な気分を取り除くことに役立つ。自分に最も適した「ストレス解消法」を見つけることがらくな気持ちで生きる秘訣である。

【おわりに】

ネガティブは悪いことばかりじゃない

本書もいよいよ終わりが近づいてきました。

この本では、心理テストから始まり、認知行動療法、自律訓練法と「らくに生きるための技術」をたくさん紹介してきました。読み始めた頃に比べて、少しでも気分がらくになり、前向きになれたとしたら、筆者としてそれ以上に嬉しいことはありません。

ただ、ひとつだけ覚えておいていただきたいことがあります。

それは「ネガティブであることは、決して悪いことではない」ということです。

メディアでは盛んに「ポジティブになりましょう！」と楽観的に生きることを薦めます。その影響だけではないでしょうが、世間では「ネガティブは悪く、ポジティブに生きることこそ正しい」と思われている節があります。

しかし、心理学的に見るとネガティブは悪いことばかりではありません。心理学の用語に「防衛悲観主義」という言葉があります。簡単に言うと「悲観的な未来を想像することで、かえって良い結果を生み出すことがある」というものです。

たとえば、会議の前日に

「これだけやれば充分だな。よし、今日はもう帰ろう！」

とスパッと職場から帰る人と、

「うーん……。念のためにもう一度チェックした方がいいかもしれないな。よし、終電ギリギリまでがんばろう！」

と思う人では、どちらの方がいいプレゼンができるでしょうか？

答えは、後者ですよね。

悲観的な未来を想像すると、それを避けるためにあらかじめ色々な準備をしておこうという気が起こります。ネガティブな方が良い結果を生むケースは充分あるわけです。

しかし、なぜか世間ではネガティブであることは敬遠され、ポジティブであることばかりが推奨されています。

それはどうしてなのでしょうか。

ひょっとすると、それはネガティブな人よりもポジティブな人の方が「相手が良い気分になれるから」という、たったそれだけの理由なのかもしれません。

たとえば、お酒を飲んでいる席で暗い顔をしていると、

「おいおい、元気を出せよ」

などと無理やり陽気でいるように強いられることがあります。

「つらくても、笑うこと」

「悲しくても、表に出さないこと」

そうやって世間がポジティブであることを求めてくるのは、飲み会の席と同じで、本当はそうやって声をかけてくる人自身が「らく」な気持ちでいたいからだけなのかもしれません。


一番大切なのは、「あなたが、あなたらしく生きること」です。

もちろん、やりたい放題やって人を傷つけてもいい、という意味ではありません。

周囲からのアドバイスに、必要以上に神経質にならなくてもいい、という意味です。

「ポジティブな人にならなくちゃ」

「明るい人気者にならなくちゃ」

無理をしてそんな目標を追っても、幸せになれる保証はありません。

それどころか、目標になかなか届かず、「こんなこともできない自分はダメなやつだ……」と暗

く沈んだ気持ちになる可能性だってあります。


ポジティブな人には、ポジティブな人の良い点がある。

ネガティブな人には、ネガティブな人の良い点がある。

がんばる生き方も素敵ですし、がんばらない生き方も素敵です。

世の中に「完ぺきな人」は存在しません。もし仮に「完ぺきな人格」というものがあったとしても、それ自体が欠点になってしまうことでしょう。

自分らしく生きるというのは、ストレスなく「らくく」に生きるということです。

本書を閉じた後も、「自分が一番らくな気持ちでいられる」ということを何よりも大事にしていただければ幸いです。

２０１５年１月　小林奨

■参考文献

・松岡素子、松岡洋一『はじめての自律訓練法』（日本評論社、２０１３年）
・島悟、佐藤恵美『ストレスマネジメント入門』（日本経済新聞出版社、２００７年）
・松岡素子、松岡洋一『自律訓練法』（日本評論社、２００９年）
・中野敬子『ストレス・マネジメント入門――自己診断と対処法を学ぶ』（金剛出版、２００５年）
・古城和子『生活にいかす心理学　Ver.2』（ナカニシヤ出版、２００２年）
・佐々木雄二『自律訓練法』（日本文化科学社、１９８９年）
・芦原睦『エゴグラム～あなたの心には５人家族が住んでいる。～』（扶桑社、１９９８年）
・アインスリー・ミアース他『自律訓練法　不安と痛みの自己コントロール』（創元社、２０００年）
・松丸未来、ポール・スタイラード他『子どもと若者のための認知行動療法実践セミナー――上手に考え、気分はスッキリ』（金剛出版、２０１０年）
・中村延江、片岡ちなつ、田副真美『図解&ワークでわかる・身につく初学者のための交流分析の基礎』（金子書房、２０１２年）
・ソール・ローゼンツァイク『P-Fスタディ解説　基本手引１９８７年版』（三京房、１９８７年）
・平木典子他『カウンセラーのためのアサーション』（金子書房、２００２年）
・寿山泰二「若年層のキャリア・デザイン考察：キャリア・カウンセリングの視点からのニート分析」（『京都創成大学紀要』6, 87-110, 2006-01）
・島悟、鹿野達男、北村俊則、浅井昌弘「新しい抑うつ性自己評価尺度について」（『精神医学 27』７１７～７２３ページ、

１９８５年）

・星野命「我が国における20答法（Twenty Statements Test=T.S.T./Who am I？法）の普及と効果」（『日本性格心理学会大会発表論文集　8』32～33ページ、２０００年）

・小野美和「大学生におけるＴＳＴを用いた自己概念理解についての一考察」（『共栄学園短期大学研究紀要　26』　１３３～１４２ページ、２０１０年）

・松原達哉「心を健康に幸せに生きる」『東京福祉大学・大学院紀要　第２巻　第２号（Bulletin of Tokyo University and Graduate School of Social Welfare）』２０７～２１５ページ、２０１２年）

・青森県総合社会教育センター「人間関係づくりのプログラム事例集」（http://www.alis.pref.aomori.lg.jp/research/pdf/h26/h26_relationship.pdf#search='%E3%82%AB%E3%82%A6%E3%83%B3%E3%82%BB%E3%83%AA%E3%83%B3%E3%82%B0+%E6%B5%81%E3%82%8C%E6%98%9F+%E6%97%97%E7%AB%BF'）

その他、インターネットサイトや書籍などを参考にさせていただきました。

著者紹介

小林奨（こばやし・しょう）

東京都生まれ。中央大学法学部卒業後、大手印刷会社に入社。在職中、会社のメンタルヘルスについて考える中で心理学に興味を持ち、より専門的に学ぶために会社を退職。その後、都内の心理系大学院に進学し、交流分析をはじめ、様々な理論を学ぶ。「多くの人の役に立てる本」「一人だけでなく、大勢で読みたくなる本」を書くために、従来「恋愛心理学」「ビジネス心理学」の世界で使われてきた「社会心理学」だけでなく、「臨床心理学」や「発達心理学」の理論も活かしたライター業を行っている。

無類の猫好き。お酒は好きだが、あまり飲めない。

著書に『「ドラえもん」に学ぶ　ダメな人の伸ばし方』（彩図社）、『あなたが主役！ 心理テストアドベンチャー　ダークフェアリーの洞窟』（あさ出版）、『「ブラックジャックによろしく」から読み解く 面倒くさい人と上手につきあう心理学』（こう書房）などがある。

「らく」に生きる技術

平成 27 年 2 月 23 日　第 1 刷

著　者　小林奨

イラスト　後藤亮平（BLOCKBUSTER）

発行人　山田有司

発行所　株式会社　彩図社
東京都豊島区南大塚 3-24-4
MTビル　〒 170-0005
TEL：03-5985-8213　FAX：03-5985-8224

印刷所　新灯印刷株式会社

URL http://www.saiz.co.jp　携帯サイト http://saiz.co.jp/k →

ISBN978-4-8013-0054-5 C0036